결국,
당신은 바뀔 것이다

결국, 당신은 바뀔 것이다

1판 1쇄 발행 2023년 4월 10일
1판 2쇄 발행 2023년 7월 7일

지은이 윌리스 와틀스
옮긴이 진정성
발행인 김정경

책임편집 김광현
외주교정 김승규
마케팅 김진학
디자인 studio forb

발행처 터닝페이지
등록 제2022-000019호
주소 04793 서울 성동구 성수일로10길 26 하우스디 세종타워 본동 B1층 101/102호
전화 070-7834-2600
팩스 0303-3444-1115
대표메일 turningpage@turningpage.co.kr

ISBN 979-11-981482-1-6 (03190)

결국,
당신은 바뀔 것이다

인생 기적을 만드는 자기확신의 힘

월리스 와틀스 지음 | 진정성 옮김

Wallace D. Wattles

터닝페이지

차례

1부
부자의 자기확신

2부

건강의 자기확신

3부

위대한 사람의 자기확신

1부

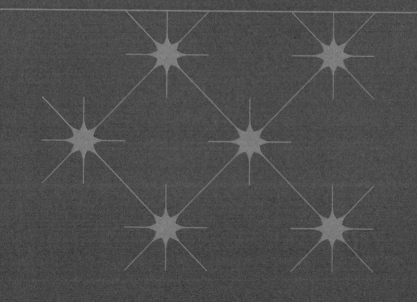

부자의 자기확신

머리말: 당신을 위한 매뉴얼

『부자의 자기확신』은 철학책이 아니라 실용서다. 이론에 얽매인 논문이 아니라 현실적인 매뉴얼이다. 이 책에는 철학 이론에 바탕을 둔 실용적인 교훈이 담겨 있다. 부자가 되려는 시급한 목표를 달성한 이후에 철학적 사색을 하려는 독자에게 꼭 필요한 지혜를 담고 있다. 또한 형이상학을 공부할 시간이 없는 독자. 복잡할 철학 논증 과정을 거칠 시간이 없는 독자. 이미 도출된 결론을 효율적으로 이용하려는 독자가 반길 만한 내용을 담고 있다.

당신이 이 책에 담긴 교훈을 마르코니Guglielmo Marconi나 에디슨이 공표한 과학 법칙과 마찬가지로 신뢰하길 바란다. 걱정이나 망설임 없이 법칙을 따라 행동해보면 그 효과를 깨닫게 될 것이다. 부자의 자기확신을 따르면 누구나 부자가 된다. 이 책에 담긴 논리는 정확하며 실패란 없다. 혹시 책의 내용을 신뢰하기 전에 철학 이론을 살펴보고 논리적 근거를 확인하고 싶은 독자를 위해 관련 사상가를 소개한다.

우주의 일원론은 하나가 전부이며 전부가 하나라고 주장하는 개념이다. 우주의 근원이 되는 하나의 본질이 다양한 겉모습을 띤 온갖 형태로 발현된다는 생각은 힌두교에 바탕을 두고 있으며, 지난 200여 년에 걸쳐 서서히 서양 사상을 파고들어왔다. 이러한 사상이 모든 동양철학과 더불어 데카르트, 스피노자, 라이프니츠, 쇼펜하우어, 헤겔, 에머슨 사상의 근간으로 자리 잡았다. 철학적 배경이 궁금한 독자는 직접 헤겔과 에머슨의 책을 읽어보라.

『부자의 자기확신』은 누구나 이해하기 쉽도록 겉치레 없이 단순하고 간결하게 썼다. 여기에 담긴 법칙과 실천계획은 대부분 철학 사상에서 도출했다. 철저히 시험했고 치열한 현실에도 적용해봤으며 효과는 확실했다. 결론에 이르는 과정이 궁금하다면 위 사상가의 책을 읽어보면 된다. 그리고 그들이 남긴 사상의 열매를 현실 세계에서 거두고 싶다면, 이 책을 읽고 그대로 실천해보길 바란다.

1장

누구나 부자가 될
권리가 있다

　아무리 듣기 좋은 말로 청빈한 삶을 찬양해도 풍요롭지 않으면 완벽하고 성공적인 인생을 살 수 없다. 과거나 현재에도 바뀌지 않는 진실이다. 생활에 쪼들리는 상황에서 재능이나 정신을 최대치로 끌어올릴 수 있는 사람은 없다. 돈이 있어야만 비로소 여러 수단을 손에 넣어 자신의 정신력을 펼치고 재능을 닦을 수 있다.

　사람은 갖가지 수단을 활용해 지성, 정신, 신체를 발달시킨다. 현대 사회에서는 돈이 있어야 그런 수단을 누릴 수 있다. 따라서 부자가 되는 방법을 터득하면 다른 모든 발전의 바탕을 이루는 셈이다.

모든 생명체의 목표는 발전하는 것이며, 모든 피조물은 제 역량껏 발전할 절대적 권리를 타고난다. 사람도 자신이 타고난 지성, 정신, 신체를 최대치로 발달시키는 데 필요한 모든 수단을 자유롭게 활용할 권리를 갖는다. 즉 누구에게나 부자가 될 권리가 있다.

부유해진 사람은 작은 것에 쉽게 만족하지 않는다. 더 많은 수단을 활용하고 즐길 능력이 있다면 작은 데서 만족하지 않아야 한다. 생명력을 발전시키고 펼쳐나가는 것이 우주의 섭리다. 사람이라면 모름지기 누구나 더욱 힘차고 우아하고 아름답고 풍요로운 삶에 보탬이 되는 모든 수단을 소유할 수 있어야 한다. 소소한 데서 만족하는 것은 곧 죄악이다.

부자란 자신의 역량을 최대한 발휘할 수 있는 삶을 사는 데 필요한 모든 수단을 가진 사람이다. 누구나 스스로 최선의 존재가 되길 원한다. 또한 누구나 본성적으로 자신에게 내재된 잠재력을 실현하고 타고난 역량을 맘껏 발현하려는 욕구를 자연스럽게 타고난다.

자신이 원하는 사람이 되는 것을 성공이라 말한다. 성공을 위해서는 여러 수단이 필요한데, 주머니 사정이 넉넉지 않은 사람은 자신에게 필요한 수단을 모두 가질 수 없다. 더구나 현대 생활 양식은 매우 복잡해서 풍요롭고 완벽하며 성공하는 삶에 가깝게 살고자 한다면 상당한 부가 필요하다. 충분한 부를 갖춰야만 갖가지 수단을 손에 넣을 수 있다. 그런 만큼 부자가 되는 방법은 다른 무엇보다 중요하다.

부자가 되고 싶다는 생각은 잘못된 것이 아니다. 부를 손에 넣으려는 의지는 더 넉넉하고 완전하며 풍요로운 삶을 향한 욕구인 만큼 부끄럽게 생각할 필요가 없다. 오히려 더 풍요로운 삶을 원하지 않는 사람이 비정상이다. 또한 최선을 다해 삶을 계발하기에 충분한 돈을 원하지 않는 사람도 정상이라 볼 수 없다.

인생을 움직이는 요소는 세 가지다. 사람은 몸을 위해, 지성을 위해, 정신을 위해 산다. 그중 무엇 하나가 다른 요소보다 더 고귀하거나 우월하지 않다. 세 요소 모두 추구할 만한 가치가 있으며 어느 하나에 문제가 있으면 나머지 요소도 온전히 누릴 수 없다. 예컨대 정신만을 강조하며 지성이나 몸을 부정하는 삶은 올바르지도 숭고하지도 않은 태도다. 지성만을 좇으며 몸이나 정신을 부정하는 삶 또한 그릇된 방식이다. 몸에만 치중하고 지성과 정신을 부정할 때에도 나쁜 결과를 맞이할 수 있다.

진정한 삶을 살려면 몸, 지성, 정신을 통해 가능한 모든 것을 구현해야 한다. 몸이 완전한 역할을 다하지 못하면 진정으로 행복하거나 만족할 수 없다. 지성과 정신의 경우도 마찬가지다. 욕구는 자신의 가능성을 구현하고 잠재력을 발휘하려는 마음이다. 자신이 가진 역량을 마음껏 펼치지 못하면 충족되지 못한 욕구가 남기 마련이다.

자신의 몸을 온전히 누리려면 좋은 음식, 편안한 옷, 따뜻한 쉼터를 갖추고 스스로를 혹사시키지 않아야 한다. 휴식과 기분 전환 또한 자신의 몸을 누리는 데 반드시 필요한 요소다.

지성도 마찬가지다. 타고난 지성을 온전히 구현하려면 독서 시간, 여행과 탐색의 기회, 지적 교제가 필요하다. 지성을 십분 누리려면 지적 활동을 통해 기분 전환을 해야 하고, 주어진 역량과 심미안을 최대한 발휘해 일상을 아름다운 것들로 채워야 한다.

정신도 마찬가지다. 사람은 사랑을 해야 하는 존재다. 사랑하는 이에게 좋은 것을 줄 때 가장 큰 행복을 느끼고 사랑을 가장 자연스럽고 꾸밈없이 드러낼 수 있다. 하지만 가난하면 자신의 사랑을 제대로 표현할 수 없다. 사랑하는 사람에게 줄 것이 없는 사람은 남편, 아버지, 사회구성원, 나아가 사람 그 자체로서도 자기 몫을 다할 수 없다.

다시 말하지만 자신의 몸을 십분 활용하고 지성을 발달시키고 정신을 펼치기 위해서는 물질과 수단이 필요하다. 그런 만큼 부유해지는 것은 그 무엇보다도 중요하다.

부자가 되고자 하는 열망은 올바르다. 정상적인 사람이라면 부자가 되기를 바라는 것이 당연하다. 또한 부자가 되는 방법을 익히는 과정은 무엇보다도 고결하다. 또 반드시 알아둬야 할 삶의 지혜를 터득하는 공부다. 부자가 되는 법을 익히지 않는다면 자신, 신, 인류에 대한 의무를 다하지 못하는 것이다. 자신의 역량이 허락하는 최선의 모습까지 발전한다면 자신의 삶은 물론 신과 인류에 크게 이바지할 수 있을 것이다.

2장

부자 되는 자기확신

부자의 자기확신을 키우는 법칙은 분명 존재한다. 방정식이나 사칙연산처럼 정확하게 맞아떨어진다. 그리고 부를 일구는 과정 전반에 적용되는 부자의 자기확신을 배우고 따르면 틀림없이 부자가 된다.

누군가가 부와 자산을 일궜다면 부자의 자기확신대로, 즉 '절대 방식'에 따라 행동했기 때문이다. 의도했든 우연이든 간에 부자는 절대 방식에 따라 행동하는 사람들이다. 반면 절대 방식에 따라 행동하지 않는 이는 제아무리 능력이 뛰어나고 열심히 일해도 가난을 면하기 어렵다. 원인이 비슷하면 결과도 비슷하게 나온다는 것이 자연의 법칙이다. 절대 방식에 따라 행동하는 법을 배운다면 누구라도 실패 없이 부자가 될 수 있다.

한편 부자가 될 가능성은 환경의 영향을 받지 않는다. 만약 그렇지 않다면 이 마을 사람은 모두 부자인데 저 마을 사람은 모두 가난하거나, 이 도시 주민은 모두 돈방석에 앉아 있는데 이웃한 도시의 주민은 모두 빈곤에 허덕여야만 할 것이다. 현실은 그렇지 않다. 세계 어느 나라에 가도 부자와 빈자는 같은 환경, 때로는 같은 업계에서 어깨를 맞대고 살아간다.

한 동네에 살고 직업도 같은 두 사람 중 한 사람은 부자가 되고 다른 한 사람은 가난을 벗어나지 못하는 모습을 흔히 볼 수 있다. 부자가 되는 길이 근본적으로는 환경에 달린 문제가 아니라는 근거다. 누군가가 부유해지는 것은 환경이 아니라 절대 방식대로 사느냐에 따라 좌우된다.

재능도 부자가 될 가능성을 결정짓는 요인은 아니다. 절대 방식대로 일하는 능력은 재능과는 큰 관련이 없다. 뛰어난 재능을 가진 사람들이 가난에서 허덕이는 반면, 재능이 없는 사람이 부자가 되는 경우를 종종 본다. 자수성가한 사람들을 조사해보면 의외로 재능이나 능력 등 모든 면에서 평범한 사람인 경우가 많다. 그들에게는 특출 난 재능과 능력 같은 것은 없었다. 단지 그들은 절대 방식에 따라 행동해서 부자가 된 것이다.

투철한 절약 정신도 부자를 만들어주진 못한다. 근검절약이 몸에 밴 많은 사람이 가난하게 살아가는 반면, 돈을 자유로이 쓰는 사람이 부자가 되는 모습도 종종 본다. 남들이 못 하는 일을 해내서 부자가 되는 것도 아니다. 같은 업계에 있는 두 사람이 엇비슷한 일을 하고서도 한 사람은 부자가 되는 반면, 다른 한 사람은 파산하는 경우도 많다.

결론은 하나다. 둘 중 한 사람은 절대 방식에 따라 행동해 부자가 된 것이다. 장담컨대 부자가 되는 데는 절대적이라는 수식어가 걸맞을 만큼 정확하게 맞아떨어지는 법칙이 존재한다.

절대 방식이 너무 까다로워서 따라 하기 어렵지 않냐고 묻곤 한다. 하지만 앞서 이미 살펴봤듯 절대 방식을 실천하는 것은 전혀 어렵지 않다. 재능이 넘치는 사람도 부자가 되고 바보도 부자가 된다. 학식이 많은 사람도 부자가 되고 아둔한 사람도 부자가 된다. 튼튼하고 힘센 사람도 부자가 되고 비실거리는 약골도 부자가 된다.

물론 웬만큼 생각하고 이해하는 능력은 필수다. 특출 난 재능까지는 필요 없다. 글을 읽고 이해할 수 있는 정도의 지능만 있다면 누구나 부자가 될 수 있다.

앞서 살펴봤다시피 환경 때문에 빈부가 갈리지는 않는다. 물론 어느 정도 지리 조건의 영향을 받을 수 있다. 사하라 사막 한가운데에 가게를 열고 문전성시를 이루기를 기대하는 사람은 없다. 부자가 되고자 한다면 사람을 상대해야 하므로 상대가 당신의 의도대로 움직여준다면 금상첨화다. 따라서 기본적으로 부자가 되고자 한다면 사람이 있는 곳에 머물러야 한다.

환경의 영향은 거기까지다. 내가 사는 동네 주민 중 누군가가 부자가 될 수 있다면 나도 부자가 될 수 있다. 내가 사는 도시의 시민 중 누군가가 부자가 될 수 있다면, 나 또한 부자가 될 수 있다.

특정 사업이나 직업이 부자를 만들어주는 것도 아니다. 옆집에 사는 동종 업계 사람이 가난에서 벗어나지 못할 동안 절대 방식대로 사는 사람들은 다양한 직종과 분야를 넘나들며 부를 일군다. 물론 자신이 좋아하는 직종이나 마음 맞는 분야에서 일할 때 최선의 결과가 나올 것이다. 만약 어떤 능력을 잘 계발해뒀다면 그 능력을 발휘해야 하는 업종에서 최선의 결과를 얻을 수 있다.

또 이왕이면 주변 환경과 맞는 업종을 선택할 때 최선의 결과가 나올 것이다. 아이스크림 매장은 그린란드보다 더운 지방에서, 한랭성 어종인 연어의 양식은 더운 남쪽 지역보다 추운 북서부 지역에서 성공할 확률이 높다.

이러한 일반적 한계를 제외하면 부자가 되는 것은 자신이 종사하는 업종의 가능성이 아니라 절대 방식으로 행동하는 법을 배웠는지 여부에 달려 있다. 만약 자신은 가난한데 같은 지역에 사는 동종 업계 누군가는 부를 쌓고 있다면, 자신이 그와 같은 방식으로 행동하고 있지 않다는 의미다.

자금이 부족해 부자가 되는 길에 오르지 못하는 사람은 없다. 물론 자금이 있으면 더 쉽고 빠르게 성장할 수 있다. 하지만 자금이 있는 사람은 이미 부자일 테니 부자가 되는 방법을 고민할 필요가 없다. 현재 부자가 아닌 사람은 지금 아무리 가난하더라도 절대 방식으로 일하기 시작하면 부를 쌓고 자금을 차츰 모을 수 있을 것이다. 자금을 손에 넣는 것은 부자가 되는 과정의 일부이고 절대 방식으로 행동하면 자금은 반드시 손에 들어오게 돼 있다.

당신은 지금 빈털터리일 수도 있고 심한 경우에는 빚더미에 올라앉아 있을지도 모른다. 인맥, 영향력, 수단이 전무할지도 모른다. 하지만 일단 절대 방식으로 일하기 시작하면 틀림없이 부자가 되기 시작할 것이다. 지금 당장 자금이 없어도 자금을 손에 넣을 수 있다. 자신의 적성에 맞지 않는 직종에 종사하고 있어도 자신에게 잘 맞는 직종으로 옮겨갈 수 있다. 자신과 잘 어울리지 않는 지역에 살고 있다면 잘 어울리는 지역으로 옮겨갈 수도 있다.

이러한 모든 일을 이룰 수 있는 방법의 시작이 바로 절대 방식이다. 지금 당신이 사는 지역에서 당신이 하고 있는 일을 하되, 성공을 부르는 절대 방식으로 하기 시작하라.

3장

부는 무한하다

기회를 빼앗겨서 가난에서 벗어나지 못하는 사람은 없다. 남들이 세상의 돈을 독차지한 다음 울타리로 막아버려서 계속 빈궁하게 사는 사람도 없다. 특정 분야의 사업에 뛰어들 기회가 막혀 있는 경우도 간혹 있지만 다른 길은 항상 열려 있다. 이를테면 1910년대 미국에서 살던 평범한 사람이 증기철도산업에 새로 뛰어들기는 어렵다.

당시 증기철도산업은 몇몇 회사가 거의 독점한 상태였다. 그러나 전기철도산업은 당시 태동기에 있었고 앞으로 사업을 펼칠 영역도 다양했다. 몇 년 뒤에는 항공교통이 엄청난 산업으로 발전하기 시작할 테고 수만 명, 어쩌면 수백만 명에게 일자리를 제공했다. 이런 상황이라면 증기철도산업에 뛰어들어 전설적인 철도왕 제임스 힐James J. Hill과 경쟁하는 대신 갓 움트는 항공산업의 발전에 관심을 가져보면 어떨까?

현재 철강회사에서 근무하는 직공이 공장의 공장주가 될 확률은 극히 낮다. 하지만 절대 방식에 따라 행동하기 시작하면 철강회사 직공 자리에서 곧 벗어날 수 있다. 그런 다음 10~40에이커 규모의 농장을 사서 먹을거리를 생산하는 사업에 뛰어들면 상황이 달라진다. 작은 농장에서 살면서 땅을 경작하는 사람들은 큰 기회를 얻을 수 있다. 이들은 분명 부자가 될 것이다. 당신은 땅을 사는 것이 불가능하다고 말하겠지만, 나는 결코 불가능하지 않다고 본다. 절대 방식에 따라 행동하기 시작하면 분명 농장주가 될 수 있다는 사실을 똑똑히 보여줄 것이다.

역풍을 무릅쓰는 사람보다 순풍을 안고 가는 사람에게 더 많은 기회가 찾아온다. 시대가 달라지면 사회 전체의 요구와 사회적 진화의 단계에 따라 기회의 바람도 다른 방향으로 분다. 1910년 미국에서는 농업 관련 업계 및 직종에 순풍이 불었다. 공장 노동자에게 필요한 물품보다 농부에게 필요한 장비를 파는 전문직에게 기회의 문이 열려 있었다.

공장 직공이 현재 위치에 머물러 있는 것은 개인 능력의 부족이나 계층의 한계 때문이 아니다. 공장주가 이들을 노예처럼 억압했던 것도 아니고, 그들이 돈 때문에 얽매여 있던 것도 아니다. 공장의 직공은 절대 방식에 따라 행동하지 않기 때문에 자신이 속한 계층에 머물러 있을 뿐이다. 미국의 노동자들도 마음만 먹으면 벨기에를 비롯한 다른 국가의 노동계층처럼 거대한 백화점과 관련 산업을 일구고, 선거에서 같은 계층 출신 인물을 뽑고, 관련 산업 발전에 도움이 되는 법안을 통과시킬 수 있다. 그러면 몇 년 뒤에는 평화로운 방식으로 업계에 영향력을 행사할 수 있게 될 것이다.

절대 방식에 따라 행동을 시작하기만 하면 노동계층도 상류층으로 진출할 수 있다. 부의 법칙은 모든 사람에게 똑같이 적용된다. 그러한 사실을 깨닫지 못하고 지금처럼 행동한다면 현재의 자리를 벗어나지 못할 것이다. 노동자 개인은 자신이 속한 계층의 무지나 나태에 발목을 잡힐 필요가 없다. 누구나 부로 향하는 순풍을 안고 나아갈 수 있다. 바로 이 책에서 그 방법을 알려줄 것이다.

세상에는 모두 부자가 되고도 남을 만큼의 부가 존재한다. 단순히 부의 공급이 모자라 가난을 벗지 못하는 사람은 없다. 미국 내에 존재하는 건축 자재만으로도 모든 가정이 워싱턴의 국회

의사당만큼 큰 집을 지을 수 있다. 면화 재배를 집약적으로 하면 미국은 전 인류가 솔로몬 왕보다 더 고급스러운 옷을 입고도 남을 만큼의 모직, 면, 리넨, 실크를 생산할 수 있다. 심지어 인류 전체가 배불리 먹을 충분한 식량도 생산할 수 있다. 그만큼 우리가 얻을 수 있는 유형의 물자는 거의 무한하다. 무형의 물자는 끝이 없다.

세상 모든 것은 태초의 유일한 본질에서 시작됐다. 많은 생명체가 끊임없이 태어나고 사라지지만, 세상의 모든 생명은 유일한 본질이 형태를 바꾼 것일 뿐이다. 무형의 본질, 즉 태초의 본질은 무한하다. 우주는 태초의 본질에서 시작됐으며 창조 과정에서 형태가 달라졌을 뿐, 소진되지 않았다.

눈에 보이는 우주의 형체 안팎은 모든 생명의 원료, 즉 태초의 본질이자 무형의 본질로 가득 채워져 있다. 지금까지 창조된 생명의 만 곱절에 달하는 생명이 창조될 수 있다. 그러고 나서도 우주의 원료는 소진되지 않을 것이다. 부도 마찬가지다. 자연이 빈곤하다거나 모두에게 돌아갈 만큼의 부가 충분하지 않아서 가난해지는 것이 아니다.

자연은 무한한 부의 창고다. 태초의 본질이 창조적 에너지로 살아 숨 쉬며 더 많은 형체를 계속 만들어냈듯이 우리가 누릴 부는 결코 모자라지 않다. 건축 자재의 공급이 고갈되면 자재 업체에서 더 많은 양의 자재를 생산할 것이다. 땅의 영양분이 다해 식량이나 옷감의 재료가 더 이상 자라지 않는다면 땅이 다시 기운을 회복하거나 더 많은 흙이 만들어질 것이다. 인류가 여전히 금과 은을 바라는 사회적 발전 단계에 머물러 있다면 금과 은이 모두 채굴된 뒤에는 무형의 본질로부터 더 많은 금과 은을 생산하고자 할 것이다.

이렇듯 무형의 본질은 사람의 요구에 반응하며 사람에게 필요한 물질이 모자라도록 두지 않는다. 인류 전체에 해당되는 진리다. 인류 전체는 언제나 충분히 풍요롭다. 단, 한 개인이 절대 방식을 따르지 않을 때 빈곤하게 살아갈 뿐이다.

무형의 본질은 지성이 있고 생각하며 살아 있고 언제나 더 풍요로운 생명을 향해 나아간다. 생명은 언제나 더욱 풍요로운 삶을 추구하는 본능을 자연스럽게 가진다는 점을 기억해야 한다. 또한 생명은 스스로 지성을 확장해나가고 의식이 영역을 넓혀 자신을 한층 완전하게 구현하고자 한다.

생명이 살아가는 우주는 살아 있는 무형의 본질로 이뤄져 있다. 우주적 본질은 자신을 더 완전하게 구현하기 위해 다양한 형체를 만들어낸다. 또한 우주는 더 풍요로운 생명을 창조하고 더 완전하게 역할을 수행하기 위해 나아가는 거대한 살아 있는 존재다.

모름지기 자연은 생명의 진보와 확장을 지향한다. 따라서 생명에 도움이 되는 모든 것을 풍요롭게 공급한다. 신이 자가당착에 빠져 자신의 작업을 수포로 돌릴 생각이 아닌 한, 공급의 부족이란 있을 수 없다. 다시 말하지만 부가 충분히 공급되지 않아 사람들이 가난해진 게 아니다. 다음 장에서는 무형의 본질이 절대 방식에 따라 생각하고 행동하는 사람에게 부응해 무한한 부를 베푼다는 사실을 자세히 알아보자.

4장

부가 작동하는
원리

생각은 무형의 본질로부터 유형의 부를 만들어낼 수 있는 유일한 힘이다. 모든 생명이 곧 생각하는 본질에서부터 비롯되고 형태에 대한 생각을 통해 생명의 형태가 만들어진다.

태초의 본질은 생각에 따라 움직인다. 자연에서 볼 수 있는 모든 형체와 과정은 태초의 본질이 떠올린 생각을 통해 구현된 것이다. 본질이 어떤 형태를 떠올리면 본질은 곧 그 형체를 띤다. 본질이 어떤 흐름을 생각하면 이내 그 흐름을 만들어낸다. 만물은 그렇게 창조됐다.

인간은 생각으로 만들어진 우주에 살고 있다. 무형의 본질이 움직이는 우주를 떠올렸고 생각하는 본질이 그에 따라 형체를 유지하면서 태양계의 행성들이 창조됐다. 생각하는 본질은 스스로 떠올린 생각의 형체를 띠고 생각에 따라 움직인다. 본질이 태양계의 형태를 떠올리면 태양과 행성의 형체가 만들어지고 행성은 본질의 생각에 따라 움직인다.

한 가지 예를 더 들어보자. 본질이 서서히 자라는 떡갈나무의 형태를 생각하고 움직이면 나무가 생겨난다. 무형의 본질은 스스로 만들어낸 경로를 따라 창조의 과정을 진행해나간다. 본질이 떡갈나무를 떠올린다고 해서 단번에 아름드리나무가 생겨나지는 않는다. 과정이 마무리되기까지 수백 년이 걸리기도 한다. 그러나 일단 본질이 생각을 떠올리면 나무를 창조해낼 에너지가 성장의 경로를 따라 흐르기 시작한다.

생각하는 본질이 떠올린 형태는 형체로 창조되며, 창조 과정은 대개 앞서 세워진 성장과 활동의 경로를 따라 진행된다. 가령 어떤 집에 대한 생각이 무형의 본질에 각인되더라도 단박에 집이 생기지는 않는다. 다만 상업과 무역의 경로를 따라 활동하고 있던 창조적 에너지의 방향이 바뀌면서 빠른 속도로 집이 완성된다.

"태초의 본질에 어떤 생각이 각인되면 반드시 그 생각에 상응하는 형체가 창조된다."

　사람은 생각하는 주체이며 스스로 생각을 떠올릴 수 있다. 사람이 손으로 만들어내는 모든 형체는 먼저 머릿속에서 생각으로 존재해야 한다. 생각을 떠올리지 않으면 형체를 만들어낼 수 없다. 지금까지 사람들은 손으로 무언가를 만드는 일에만 노력을 기울여왔다. 형체를 만들어야 할 때에는 자연에 이미 존재하는 형체를 가져다 모양을 바꾸는 데 그쳤다. 무형의 본질에 자신의 생각을 각인시킴으로써 손의 힘을 빌리지 않고 새로운 형체를 창조하려는 시도는 해보지 못했다.

　사람은 지금까지 무형의 지성, 즉 신과 협동하려는 노력을 거의 하지 않았다. 신이 한 일을 자신도 할 수 있다는 꿈을 결코 꾸지 못했다. 자신의 손으로 이미 존재하는 형체의 모양을 바꾸고 수정하는 데 치중할 뿐, 자신의 생각으로 무형의 본질과 소통함으로써 형체를 창조하는 가능성에 대해서는 전혀 관심을 갖지 않았다. 이제 누구라도 무형의 본질과 소통할 수 있다는 것을 증명하고 그 방법을 설명하고자 한다. 먼저 세 가지 근본적인 진리를 이해해야 한다.

　우선 만물의 근원인 태초의 본질이 존재한다는 것을 깨달아야 한다. 만물은 겉으로 보기엔 다양하지만 사실 하나의 본질이 각각 다른 모습으로 구현된 것이다. 유기적·무기적 자연에서 볼 수 있는 온갖 형체는 단지 모습이 다를 뿐 같은 물질로 만들어져 있다. 그 물질은 곧 생각하는 본질이며, 본질은 스스로 떠올린 생각을 형체로 만들어낸다. 생각하는 본질이 품고 있는 생각은 형체로 창조된다. 또한 사람은 자신만의 고유한 생각을 할 수 있는 존재다. 사람이 태초의 생각하는 본질에 자신의 생각을 전할 수 있다면 그에 상응하는 사물을 형성, 즉 창조할 수 있다. 간단히 요약해보자.

- 만물의 원천인 생각하는 본질이 존재한다. 이 본질은 우주의 모든 공간을 충만하게 채우고 어디에나 스며 있다.
- 태초의 본질이 어떤 생각을 떠올리면 그 생각에 상응하는 형체가 창조된다.
- 사람은 형체를 생각해낼 수 있다. 그 생각을 무형의 본질에 각인시키면 생각하는 것이 창조되도록 유도할 수 있다.

앞서 사람은 절대 방식으로 행동해 부자가 된다고 설명했다. 절대 방식대로 행동하려면 우선 절대 방식으로 생각할 수 있어야 한다. 행동은 생각의 직접적인 결과물이다. 자신이 원하는 방식으로 행동하려면 원하는 방식으로 생각하는 능력을 손에 넣어야 한다. 그것이야말로 부자가 되는 첫걸음이다.

또한 자신이 원하는 생각을 하려면 겉모습에 휘둘리지 않고 진실만을 생각해야 한다. 사람은 누구나 자신이 원하는 생각을 할 수 있는 고유한 힘을 지니고 있다. 하지만 자신이 원하는 생각을 하려면 겉모습에 따라 생각하는 것보다 훨씬 많은 노력을 기울여야 한다. 겉모습에 따라 생각하기는 쉽다. 그러나 겉모습에 휘둘리지 않고 진실만을 생각하기란 그 어떤 노동보다 더 힘겨운 일이다.

대부분의 사람은 오랫동안 일관되게 생각하는 것을 굉장히 힘들어한다. 사실상 생각하는 것은 세상에서 가장 힘겨운 노동이라 해도 무방하다. 겉모습과 진실이 상충될 때는 더욱 어렵다. 세상의 모든 형상은 사람의 머릿속에 그 형상에 상응하는 생각을 불어넣기 마련이다. 형상의 겉모습에 휘둘리지 않으려면 진리에 관한 생각을 굳게 견지하는 수밖에 없다.

질병은 허상에 불과하며 실체는 건강이라는 진리를 일관되게 떠올리지 못한다면 마음속, 끝내는 몸속에서 질병의 형체가 자리를 잡는다. 또한 빈곤은 허상에 불과하며 풍요만이 존재한다는 진리를 일관되게 떠올리지 못하면 마음속에 빈곤에 상응하는 형체가 자리를 잡는다.

질병의 형상에 둘러싸여 있을 때 건강을 생각하거나 빈곤의 형상 한가운데에서 풍요로움을 떠올리려면 힘이 필요하다. 바로 그러한 힘을 손에 넣으면 위대한 사람으로 성장해 운명을 주도하고 자신이 원하는 것을 가질 수 있다.

겉모습 뒤에 숨은 근본적 진리를 깨달을 때 비로소 진실을 생각하는 힘을 얻을 수 있다. 그 진리는 바로 단 하나의 생각하는 본질이 존재하며 그로부터 만물이 비롯된다는 사실이다. 본질이 품는 모든 생각이 형체가 되며, 사람은 자신의 생각을 본질에 각인시켜 형체를 띠도록 유도할 수 있다는 사실 또한 깨달아야 한다.

그 사실을 깨닫는 순간 모든 의심과 두려움이 사라진다. 창조하고 싶은 것을 스스로 창조하고, 원하는 것을 얻고, 원하는 사람이 될 수 있다는 것을 깨닫기 때문이다. 부자가 되기 위한 첫걸음으로 먼저 앞에서 다룬 근본적인 진리 세 가지를 확신해야 한다. 강조하기 위해 다시 한번 적어둔다.

- 만물의 원천인 생각하는 본질이 존재한다. 이 본질은 우주의 모든 공간을 충만하게 채우고 어디에나 스며 있다.
- 태초의 본질이 어떤 생각을 떠올리면 그 생각에 상응하는 형체가 창조된다.
- 사람은 형체를 생각해낼 수 있다. 그 생각을 무형의 본질에 각인시키면 생각하는 것이 창조되도록 유도할 수 있다.

위의 일원론적 개념 외에, 우주에 관한 모든 이론은 제쳐두자. 그리고 이들 진리가 당신의 머릿속에 각인돼 습관적으로 떠오를 때까지 계속 되새기자. 위에 정리해둔 문장을 읽고 또 읽자. 낱말 하나하나를 기억에 새겨두고, 굳은 확신이 들 때까지 명상하자.

회의가 든다면 곧바로 떨쳐내자. 위의 진리를 거스르는 주장에는 귀 기울이지 말고, 반대되는 관념을 가르치는 예배나 강의에는 참여하지 않도록 하자. 다른 생각을 전하는 잡지나 책을 읽는 것도 삼가자. 혼란 탓에 확신이 흔들리면 모든 노력이 수포로 돌아간다. 법칙의 근거를 따지지도, 추측하지도 말자. 그대로 신뢰하고 받아들이자.

부자의 자기확신은 위의 진리를 절대적으로 확신하는 데서 시작된다.

5장

부는 성장한다

신은 인류가 가난해야 한다고 생각하지 않는다. 신이 인류를 계속 곤궁한 상태에 두고자 한다는 잘못된 관념을 갖고 있다면 반드시 떨쳐내길 바란다. 당신을 포함한 만물 안에서 살아가고 있는 전지적 본질은 지성과 생명을 갖춘 본질일 뿐만 아니라 만물 그 자체다. 본질은 곧 살아 있는 지성이기에 다른 모든 살아 있는 지성이 그렇듯 풍요로운 생명을 향한 소망을 품고 있다.

땅에 떨어진 씨앗은 싹을 틔우며 활동을 개시한 다음 '산다'

는 행위를 통해 백여 개의 씨앗을 더 만들어낸다. 생명은 삶을 통해 자신을 확장하고 영원히 늘어난다. 소멸하지 않고 계속 존재하기 위한 숙명과도 같다.

지성도 생명과 마찬가지로 계속 성장을 추구한다. 사람들이 떠올리는 생각 하나하나는 다른 생각으로 끊임없이 이어진다. 의식이 계속 확장되는 것이다. 무언가를 배울 때마다 꼬리에 꼬리를 물듯이 다른 사실을 배우게 된다.

어떤 재능을 계발하면 또 다른 재능을 계발하고 싶다는 소망이 마음속에 생겨나는 것처럼 지식도 계속 늘어난다. 생명은 스스로를 구현하려 하며, 우리 모두는 그 영향 아래 있다. 생명은 더 많은 지식, 더 많은 활동, 더 큰 존재를 지향하도록 우리를 이끈다.

목표를 이루고자 한다면 많은 수단이 필요하다. 더 많은 것을 알고, 더 많은 일을 하고, 더 큰 존재가 되려면 더 많이 가져야 한다. 사람은 더 풍부한 삶을 살기 위해 부자가 돼야만 한다.

소망은 아직 구현되지 않은 가능성을 현실화하려는 마음이다. 부를 향한 소망은 더 풍부한 삶을 구현할 수 있는 내적 역량을 현실화하려는 마음이다. 이러한 소망을 품게 하는 장본인은 스스로를 구현하려는 우주적 힘이다. 당신에게 부자가 되고 싶은 마음을 불어넣는 존재는 식물을 자라게 하는 존재와 같다. 즉 더욱 풍부하게 구현되기를 추구하는 우주적 생명이다.

살아 있는 본질은 모든 생명에 내재된 공통된 법칙에 따라 움직인다. 본질은 더 풍부하게 살려는 소망으로 충만하며 더 많은 것을 창조하려 한다.

유일한 본질은 사람을 통해 더 풍부하게 살고자 한다. 그래서 사람들이 활용할 수 있는 모든 수단을 갖기를 바란다. 신은 당신이 부자가 되기를 소망한다. 당신이 활용할 수단을 많이 가지고 있을수록 신을 더 잘 구현할 수 있기 때문이다. 당신이 삶에 필요한 수단을 무한히 가지고 있을수록 신은 당신 안에서 더 풍부한 생명을 구현할 수 있다.

우주는 당신이 원하는 모든 것을 갖기를 소망한다.

자연은 당신 계획을 지지한다.

만물은 당신을 위한 것이다.

이 말이 진리라는 사실을 확신하자.

단, 만물에 내재된 목적과 당신의 목적이 조화를 이뤄야 한다.

당신은 단순히 세속적 만족이 아니라 진정한 삶을 추구해야 한다. 삶이란 활동을 수행하는 과정이다. 사람은 자신이 해낼 수 있는 모든 신체적, 정신적, 영적 활동을 부족하지도, 지나치지도 않게 수행해야 진정한 의미의 삶을 살 수 있다.

동물처럼 몸의 욕망만을 채우고자 부를 추구하는 행위는 진정한 삶과 거리가 멀다. 모든 신체 활동이 삶의 일부이며 정상적이고 건강한 육체적 본능을 부정하면 완전한 삶을 살 수 없다는 것을 기억해두자.

지식을 얻고 야망을 실현하고 남보다 돋보이고 유명해지는 것처럼 오로지 정신적 즐거움을 누리고자 부를 추구하는 행위도 바람직하지 않다. 물론 이 또한 삶의 일부다. 그러나 정신적 즐거움만 추구하는 사람은 삶의 모든 부분을 누릴 수 없으므로 자신의 삶에 만족하지 못한다.

인류를 위해 헌신하고 자선과 희생의 기쁨을 누리는 것처럼 타인을 위해 부를 추구하는 행위도 문제가 있다. 타인을 위한 일로 얻는 영혼의 기쁨은 삶의 일부일 뿐이며, 삶의 다른 구성 요소보다 더 나을 것도, 고귀할 것도 없다.

그렇다면 부를 추구해야 하는 진정한 이유는 뭘까? 당신은 먹어야 할 때 먹고, 마셔야 할 때 마시고, 즐겨야 할 때 즐기기 위해 부자가 돼야 한다. 아름다운 것들을 주변에 두고, 먼 곳을 여행하고, 정신을 살찌우고, 지성을 계발할 수 있도록 부를 추구해야 한다. 이웃을 사랑하고, 친절한 행동을 하고, 진리를 찾아내는 데 이바지하기 위해 부를 추구해야 한다.

극단적 이타주의는 극단적 이기심과 마찬가지로 훌륭하지도, 고귀하지도 않다는 것을 명심하자. 모두가 잘못된 생각이다.

신은 당신이 남을 위해 희생하기를 바라며 희생을 통해 신에게 사랑받으리라는 잘못된 믿음을 버려야 한다. 신은 결코 당신에게 희생을 바라지 않는다.

신은 오로지 당신이 최선의 모습으로 살기를 바란다. 자신의 역량이 허락하는 최선의 모습으로 사는 것이야말로 당신이 남을 돕는 가장 효과적인 방법이다.

최선의 모습으로 살기 위해서는 부유해야 하므로 당연히 열성적으로 부를 추구해야 한다. 사람이 부유해지기를 바라는 본질의 소망은 모두에게 똑같이 적용된다. 본질은 모든 생명이 더 풍요로운 삶을 사는 방향으로 움직인다는 사실을 염두에 둬야 한다.

부와 생명을 추구하는 본질은 만물 안에 동등하게 내재돼 있으므로 누군가의 삶을 위축시키는 방향으로 본질을 움직이기란 불가능하다. 지적인 본질은 당신이 원하는 것을 창조하지만, 남의 것을 빼앗아 당신에게 가져다주지는 않는다.

당신은 이미 창조된 것을 두고 경쟁하지 말고 새로운 것을 창조해나가야 한다. 경쟁적 태도를 버려야 한다. 남에게서 아무것도 빼앗을 필요가 없다. 지나친 흥정을 할 필요도 없다. 남을 속이거나 등쳐 먹을 필요도 없다. 남에게 일을 시키고 급료를 떼먹을 필요도 없다. 남의 재산을 탐내거나 부러운 눈초리로 볼 필요도 없다. 그의 재산을 빼앗지 않아도 당신 또한 그와 같은 재산을 가질 수 있다.

당신은 경쟁자가 아니라 창조자가 돼야 한다. 그러면 원하는 것을 얻게 될 것이다. 그 과정에 얽힌 이들 또한 더 많은 부를 모을 것이다.

물론 세상에는 위의 지침과 정반대로 행동해 막대한 부를 이룬 사람들이 있다. 금권정치를 바탕으로 부자가 된 사람들은 경쟁 사회에서 비범한 능력을 발휘해 부를 쌓았다. 그들은 산업혁명을 통해 인류를 발전시키려는 신의 큰 목적과 흐름에 자기도 모르게 얽혀 있다.

인류는 생산 체제를 체계화하고 조직화하는 과정이 필요했다. 록펠러, 카네기, 모건 등은 그 과정에서 궁극적 존재의 대리인 노릇을 했다. 결과적으로 그들은 모두의 삶을 더 풍요롭게 만드는 데 기여했다. 그러나 이제 생산 과정의 체계화는 거의 마무리됐고 그들의 시대도 끝을 맞이했다. 그들은 분배 과정을 체계화할 사람에게 자리를 넘겨주고 말았다.

이런 부자들은 선사시대의 공룡과도 같은 존재다. 진화의 과정에서 필요한 역할을 수행하고 나면 그들을 만들어낸 바로 그 힘에 의해 도태될 것이다. 또 경쟁을 통해 부를 쌓은 이들은 한 번도 진정 풍요로운 삶을 누리지 못했다. 그들이 속한 계층의 사적인 삶을 다룬 기록을 보면 지극히 비참하고 야비하며 가난한 삶을 살았다는 사실을 마주하게 된다.

경쟁을 통해 획득한 부는 영원하지 않으며 만족감을 줄 수 없다. 오늘은 내 돈이었지만 내일은 남의 돈이 되는 세상이다. 잊지 말자. 당신이 절대 방식에 따라 부자가 되려면 경쟁적 사고를 완전히 초월해야 한다. 단 한 순간도 세상의 부가 한정돼 있다는 생각을 품지 말아야 한다.

은행가나 다른 부자들이 돈을 모두 독차지하고 있으며 그들의 행위를 막기 위한 법안을 마련해야 한다고 생각하는 순간 당신은 경쟁적 사고에 빠진다. 그러면 부를 창조하도록 유도하는 힘이 사라지며 이미 이끌어낸 창조적 흐름도 멈춰버린다.

지구의 산 속에는 아직 빛을 보지 못한 금이 무한히 묻혀 있다는 사실을 확신하자. 이 세상에 금이 부족하다면 생각하는 본질이 수요에 맞춰 더 많은 금을 창조한다. 천여 명이 우주의 존재에 이끌려 금맥을 찾아나서야 할지언정 당신은 반드시 필요한 돈을 얻게 되리라는 사실을 굳게 확신하라.

눈앞의 유한한 부가 아니라 무형의 본질이 품고 있는 무한한 부에 주목하자. 그리고 당신이 부를 받아 활용할 준비를 갖추면 곧 부가 다가오리라는 사실을 확신하자. 세상의 부를 모두 독차지해 당신의 몫을 가로챌 수 있는 사람은 없다.

당신이 서두르지 않으면 집을 지을 준비가 끝나기도 전에 남들이 좋은 부지를 모조리 차지할 거라는 생각은 결코 하지 말자.

신탁 회사나 대기업이 곧 지구 전체를 소유하는 일이 벌어질까 봐 걱정하지 말자. 다른 사람이 먼저 부를 차지해 당신의 몫이 남지 않을까 봐 두려워하지 말자. 그런 일은 절대 일어날 수 없다.

지금 당신은 남이 가진 물건을 빼앗으려는 것이 아니라 무형의 본질이 당신을 위한 물건을 창조하도록 유도하고 있다. 부의 원천은 무한하다. 걱정하지 말고 자기확신에 집중하자.

- 만물의 원천인 생각하는 본질이 존재한다. 이 본질은 우주의 모든 공간을 충만하게 채우고 어디에나 스며 있다.
- 태초의 본질이 어떤 생각을 떠올리면 그 생각에 상응하는 형체가 창조된다.
- 사람은 형체를 생각해낼 수 있다. 그 생각을 무형의 본질에 각인시키면 생각하는 것이 창조되도록 유도할 수 있다.

6장

부는 반드시 온다

'지나친 흥정을 할 필요가 없다'는 말은 흥정을 하지 말라는 뜻이 아니라 불공정하게 흥정할 필요가 없다는 의미다. 거래를 할 때에는 내가 얻는 것보다 더 많은 것을 상대에게 내줘야 한다. 상대가 내는 돈보다 더 많은 가치를 내줘야 한다는 의미다.

예를 들어 이 책을 찍어내는 데 들어간 종이나 잉크 등의 재료비는 당신이 지불한 책값에 미치지 못할 것이다. 그러나 이 책에 담긴 지침 덕분에 당신이 장차 수천 달러를 벌게 된다면 책방

주인은 올바른 거래를 한 것이다. 당신이 낸 책값보다 책의 가치가 더 크기 때문이다.

국제 미술 시장에서 수천 달러에 거래되는 위대한 화가의 그림이 있다고 치자. 그림을 그린란드에 가져가 에스키모에게 팔고 500달러어치의 모피를 받는다면 올바른 거래를 한 걸까? 그렇지 않다. 에스키모는 자신에게 무용지물인 그림을 산 것이므로 결과적으로 바가지를 쓴 셈이다.

그러나 500달러어치의 모피를 받고 50달러짜리 총을 준다면 어떨까? 에스키모의 입장에서는 총을 이용해 훨씬 많은 모피와 식량을 얻을 수 있으므로 올바른 거래가 이뤄진 셈이다. 에스키모는 이 거래를 통해 모든 면에서 풍요로운 삶을 일구는 데 도움이 된다.

경쟁적 차원을 벗어나 창조적 차원으로 넘어갈 때에는 사업상 거래를 자세히 살펴봐야 한다. 당신이 파는 물건이 상대의 삶에 물건값 이상의 보탬을 주지 못한다면 거래하지 않는 것이 좋다. 사업을 할 때에는 상대를 이길 필요가 없다. 상대를 이겨야만 하는 업계에 있다면 당장 이직하라. 누구와 거래하든 상대가 건네는 돈보다 더 큰 가치를 내줘야 한다. 그러면 거래할 때마다 당신은 세상에 이바지할 수 있다.

당신이 고용주라면 직원이 생산하는 가치보다 더 많은 월급을 줄 수 없다. 다만 발전의 성격에 맞게 회사의 체제를 손보면 자기계발에 관심이 있는 직원을 매일 조금씩 발전시킬 수 있을 것이다. 당신이 이 책에서 도움을 받듯이 회사가 직원에게 도움이 되도록 체제를 손보면 된다. 쉽게 말해 회사를 일종의 사다리로 만들어 노력하는 직원이라면 누구나 회사라는 사다리를 타고 올라가 부를 손에 넣을 수 있도록 해야 한다. 단, 직원들에게 기회를 마련해주는 것으로 충분하다. 직원이 사다리를 올라가지 않더라도 결코 당신의 잘못은 아니다.

우주에 가득한 무형의 본질이 형체를 창조하도록 유도한다고 해서 당신이 소망하는 것을 곧바로 눈앞에 나타나게 만들지는 않는다. 예를 들어 지금 당신이 재봉틀을 갖고 싶다고 치자. 지금 앉아 있는 방에 갑자기 재봉틀이 마술처럼 나타날 때까지 재봉틀에 대한 이미지를 생각하는 본질에 각인시킬 필요는 없다. 재봉틀이 공장에서 생산돼 자신에게 오고 있다는 이미지를 뚜렷하게 떠올리면 된다.

만약 재봉틀의 이미지를 머릿속에 그렸다면 재봉틀이 내게 오고 있다는 확신을 흔들림 없이 지키면 된다. 재봉틀이 반드시 자신에게 올 거라는 확신을 거스르는 생각이나 말은 삼가도록 한다. 이미 재봉틀이 내 것이라 생각하자.

궁극의 지성이 지닌 힘이 사람들의 정신에 영향을 미치면 결과적으로 재봉틀이 당신의 손에 들어올 것이다. 메인주에 살고 있는 당신에게 텍사스나 일본에서 사람이 찾아와 거래를 제안함으로써 재봉틀을 얻게 될 수도 있다. 이럴 경우 당신뿐만 아니라 상대에게도 도움이 될 것이다.

생각하는 본질은 만물에 내재돼 있고 만물과 소통하며 영향을 미친다는 사실을 한시도 잊어선 안 된다. 본질은 더 풍요로운 생명과 더 나은 생활을 지향하며, 그 결과 현존하는 모든 재봉틀을 창조해냈다. 사람들이 소망과 확신을 바탕으로 흐름을 만들어내고 절대 방식에 따라 행동한다면 본질은 그에 부응해 재봉틀 수백만 개를 더 만들어낼 것이다.

당신은 분명 재봉틀을 갖게 될 것이다. 그리고 자신과 남의 삶을 더 풍요롭게 하는 데 이바지할 다른 물건을 원한다면 그것 또한 갖게 될 것이다.

머뭇거리지 말고 큰 소망을 품자. 태초의 본질은 당신이 품은 가능성을 모두 구현하고 풍요로운 삶을 사는 데 필요한 모든 수단을 갖길 바란다. 부를 추구하는 당신의 소망은 완전히 구현되기를 바라는 신의 소망과 같다는 것을 명심해야 한다. 그러면 당신의 확신은 절대 흔들리지 않을 것이다.

한번은 어느 아이가 피아노 앞에 앉아 건반을 눌러 화음을 만들려고 애쓰는 모습을 본 적이 있다. 결국 화음 연주에 실패한 아이는 제대로 음악을 연주하지 못해 시무룩해졌다. 아이에게 이유를 묻자 "마음속에서 음악을 느낄 수 있는데 손이 제대로 안 움직여요."라고 답했다. 아이 안에 깃든 음악은 모든 생명의 모든 가능성을 품고 있는 태초의 본질에서 비롯된 것이다. 즉 우주적 존재는 그 아이를 통해 음악을 구현하려 했던 것이다.

유일한 본질, 즉 신은 인간을 통해 살고 행동하고 즐기려 한다. 멋진 건축물을 만들고 천상의 화음을 연주하고 훌륭한 그림을 그릴 손, 신의 일을 수행할 발, 신의 아름다움을 볼 눈, 위대한 진실을 말하고 최고의 노래를 부를 혀를 원한다.

인간은 세상에 존재하는 모든 가능성을 구현하기 위해 준비된 존재다. 신은 음악을 연주할 수 있는 사람이 재능을 최대한 펼칠 수 있는 악기를 갖고, 미를 음미할 수 있는 사람이 아름다운 것에 둘러싸이고, 옷을 좋아하는 사람이 멋진 옷을 입고, 맛을 아는 사람이 맛있는 음식을 먹으며, 진리를 알아볼 수 있는 사람이 여행을 하며 세상을 관찰할 기회를 갖기를 바란다.

신이 인간을 통해 가능성을 실현하고자 하는 것은 신 자신이 그러한 가능성들을 즐기기 때문이다. 신은 즐기고, 노래하고, 아름다움을 누리고, 멋진 옷을 입고, 맛있는 음식을 먹고, 진리를 말하길 원한다.

피아노를 치던 아이를 통해 신이 자신을 구현해내려던 것처럼 당신이 무한한 부를 추구하려는 마음 또한 당신 안에 내재된 신이 자신을 구현하려는 마음이다. 그러므로 망설이지 말고 큰 소망을 품자. 당신의 역할은 자신의 소망을 신에게 표현하는 것이다.

바로 이 지점에서 어려워하는 사람들이 많다. 신이 인간에게 빈곤과 자기희생을 바란다는 잘못된 생각에 얽매여 있기 때문이다. 그들은 가난하게 사는 것이 곧 신의 계획이고 자연에 필요한 일이라 믿는다. 신은 창조할 수 있는 모든 것을 이미 창조했으며 신이 창조한 자원은 모두에게 돌아갈 만큼 풍부하지 않기에 사람들이 대부분 가난할 수밖에 없다고 생각한다. 이처럼 잘못된 생각에 얽매인 나머지 신에게 부를 청하는 것조차 부끄러워한다. 그리고 그럭저럭 살 수 있는 수준의 수입에 만족하려고 애쓴다.

예전에 어떤 학생에게 자신이 소망하는 것의 뚜렷한 이미지를 머릿속에 떠올려 무형의 본질에 각인시켜보라고 일러준 적이 있다. 그 학생은 형편이 곤란해 셋집에 살며 그날 벌어 그날 먹고 사는 생활을 하고 있었다. 그런 탓에 세상의 모든 부가 자기 것이라는 사실을 받아들이지 못했다.

학생은 고민 끝에 가장 상태가 좋은 방에 깔 새 이불과 겨울을 버틸 무연탄 난로 정도는 바라도 괜찮지 않을까 생각했다. 그리고 이 책의 지침을 따랐다. 몇 달 뒤 그 학생은 이불과 난로를 갖게 됐고 그제야 자신이 너무 작은 소망을 품었다는 사실을 깨달았다.

이후 학생은 집 안을 돌아다니며 손댈 만한 구석을 모조리 찾아보기 시작했다. 이쪽에는 창문을 달고, 저쪽에는 방을 하나 더 내면 좋겠다고 생각하며 이상적인 집을 머릿속에서 그렸다. 그 다음에는 가구에 관해서도 생각했다. 머릿속에 큰 그림을 그리고 절대 방식에 따라 살기 시작하고 소망을 향해 나아간 것이다.

그 학생은 그동안 자신이 살던 집을 샀고 머릿속에 떠올렸던 이미지에 맞춰 집을 개축하고 있다. 그리고 더욱 커진 확신을 안고 더 큰 것을 얻기 위해 나아가고 있다. 그의 확신은 실현됐다. 이처럼 절대 방식을 따른다면 당신의 확신도 실현될 것이다.

7장

감사하는 마음을
갖자

6장에서 소개한 사례를 통해 부자가 되려면 우선 당신이 원하는 소망을 무형의 본질에 전달해야 한다는 사실을 알게 됐을 것이다. 소망을 전달하려면 무형의 본질과 조화로운 관계를 맺어야 한다. 신과 조화로운 관계를 유지하는 것은 근본적이고 중요한 문제다. 여기서 소개하는 지침을 따르면 신과 함께 완벽한 정신적 조화를 이룰 수 있다. 정신적으로 변화하고 조화를 이루는 과정을 하나의 단어로 요약할 수 있다. 바로 '감사'다.

우선 만물을 창조한 유일한 전지적 본질이 있다는 사실을 확신하자. 그 본질이 당신이 원하는 모든 것을 이뤄주리라 확신하자. 마지막으로 깊은 감사를 느낌으로써 본질과 나를 연결 짓자.

감사하는 마음이 없다면 다른 측면에서 제대로 살고 있어도 가난을 벗어나지 못하는 경우가 많다. 신에게 선물을 받아도 감사를 표하지 않는 사람은 신과 이어진 실을 끊어버린 것이나 마찬가지다. 당연한 말이지만 부의 근원에 가까이 머물수록 더 많은 부를 얻는다. 마찬가지로 신에게 절대 감사할 줄 모르는 사람보다 신에게 항상 감사하며 지내는 사람이 신과 가까운 곳에 머무는 것 또한 지당한 일이다.

좋은 일이 일어났을 때 궁극적 존재에 감사할수록 더 많은 좋은 일들이 더 빠르게 일어난다. 이유는 너무나도 단순하다. 감사하는 태도가 당신의 정신을 축복의 근원에 더 가까이 가도록 이끌기 때문이다.

감사하는 마음을 가지면 우주의 창조적 에너지와 더욱 밀접한 조화를 이루게 된다는 사실이 낯설게 여겨진다면 잠시 숙고해보자. 이내 그 사실이 진리라는 것을 깨닫게 될 것이다. 지금까지 당신이 받은 좋은 것들은 이미 당신 앞에 놓인 길을 따라 당신에게 다가온 것들이다. 감사하는 마음이 그 길 쪽으로 당신을 이끌며 창조적 사고를 유지하고 경쟁적 사고에 빠지지 않도록 붙들어준다는 사실을 기억해야 한다.

세상의 부가 부족하다고 생각하면 소망을 품을 수 없다. 감사하는 마음만 있다면 세상에 존재하는 부에 한계가 있다는 잘못된 생각에 빠지지 않고 신을 지향할 수 있다. 또 자신이 원하는 결과를 얻으려면 감사의 법칙을 지켜야 한다. 감사의 법칙은 작용이 있으면 언제나 반대 방향으로 반작용이 일어난다는 자연의 법칙과 같다.

만약 당신이 궁극적 존재에 대해 감사하면 에너지가 발산될 것이다. 당신에게서 발산된 에너지는 궁극적 존재에 가닿는다. 그 반작용으로 궁극적 존재가 당신을 향해 다가올 것이다. 그러니 신에게 가까이 다가가자. 신도 당신에게 가까이 다가올 것이다.

당신의 감사하는 마음이 확고하고 지속적이라면 무형의 본질의 반작용도 확고하고 지속적일 것이다. 그리고 당신이 소망하는 것은 항상 당신 쪽으로 다가올 것이다.

또 감사하는 마음은 나중에 당신이 더 많은 것을 받도록 해줄 뿐만 아니라 지금 처한 상황에도 만족하도록 돕는다. 감사하는 마음이 없다면 지금 처한 상황에 대해 불만을 늘어놓기 쉽다. 누구나 현재 상황에 불만을 품는 순간 퇴보의 길을 걷게 된다. 흔하고 평범하고 가난하고 비열하고 못된 행동에 눈을 돌리게 될 뿐만 아니라 정신도 함께 변한다. 그릇된 이미지와 형태가 무형의 본질에 전달되면 똑같은 문젯거리가 당신에게 되돌아온다.

저속한 것에 대해 오랫동안 생각하면 당신 자신 또한 저속해지며 당신 주변에 저속한 것이 넘치게 된다. 반면 최고의 것에 정신을 집중하면 최고의 것이 주변을 둘러싸며 당신 자신 또한 최고로 거듭날 수 있다.

사람은 곧 생각하는 본질이며 생각하는 본질은 언제나 그 생각대로 형체를 만들어내는 법이다. 감사하는 사람은 항상 최고의 것에 집중하기에 자신도 최고가 되는 경우가 많다. 최고의 형태나 특성을 닮고, 최고의 것을 받는다. 즉 당신 안의 창조적 힘은 당신이 관심을 기울이는 이미지를 닮아가도록 유도한다.

확신 또한 감사하는 마음에서 생겨난다. 감사하는 사람은 자신에게 계속 좋은 일이 일어날 거라 예상한다. 그러한 예상은 확신으로 굳어진다. 감사하는 마음을 품은 결과로서 확신이 생겨나는 것이다. 확신은 감사를 담아 기도할 때마다 더욱 굳어지기도 한다. 감사하는 마음이 없는 사람은 확신을 오래 견지하지 못한다. 다음 장에서 다루겠지만 창조적 방식으로 부자가 될 수 없는 사람은 확신이 없기 때문이다.

당신이 받은 모든 좋은 것에 지속적으로 감사하는 습관을 기르도록 하자. 세상 만물이 당신의 발전에 보탬을 주었으므로 세상 만물에 감사해야 한다.

정경유착에 찌든 금융계 거물의 잘못된 행동을 성토하느라 시간을 낭비하지 말자. 어쩌면 그들이 세상의 판을 짜뒀기에 당신에게 기회가 찾아올지도 모른다. 당신이 무언가를 얻는 데에는 그들도 일조하고 있다.

부패한 정치인 때문에 분노하지 말자. 그나마 그런 정치인이라도 없었다면 국가가 무정부 상태에 빠져 사람들에게 돌아갈 기회가 크게 줄어들었을 것이다.

산업과 정부의 체제가 지금처럼 발전하기까지 신은 오랫동안 인내심을 갖고 작업했다. 작업은 지금도 진행 중이다. 때가 되면 부패한 정치인, 금융계의 거물, 산업계의 큰손은 지금의 자리에서 내려와야 할 것이다. 그러나 그날이 오기까지는 그들도 좋은 사람이라 생각하자.

부가 당신에게 찾아올 경로를 만드는 데 그들 또한 일조했다는 사실을 잊지 말고, 모두에게 감사하자. 그러면 당신은 만물에 내재된 선과 조화로운 관계를 이루게 될 것이다. 그 결과 만물의 선이 당신에게 가까이 다가올 것이다.

8장

부의 나침반

6장으로 돌아가서 머릿속에서 이상적인 집의 이미지를 그려본 학생의 이야기를 다시 읽어보자. 부자가 되기 위한 첫 단계가 무엇인지 파악할 수 있을 것이다. 당신이 원하는 바를 뚜렷하고 분명한 이미지로 떠올려보자. 일단 뚜렷한 이미지를 완성해야만 전달할 수 있다. 하고 싶은 일, 갖고 싶은 것, 되고 싶은 사람에 대해 모호하고 흐릿한 이미지만 떠올리는 사람들은 대부분 생각하는 본질에 이미지를 각인시킬 수 없다.

부자가 돼 잘살고 싶다는 식의 애매한 소망을 품는 것만으로는 부족하다. 여행을 다니고, 세상을 두루 살펴보고, 오래 살고 싶다는 막연한 소원도 마찬가지다. 그런 소망은 누구나 갖고 있다.

친구에게 무선 메시지를 보낸다고 가정해보자. 친구더러 알아서 해석하라며 알파벳을 A부터 Z까지 순서대로 보내거나 사전에서 아무 단어나 골라 전송하지는 않을 것이다. 상대방에게 메시지를 전달할 때는 자신의 생각을 담은 의미 있는 문장을 보내는 것이 당연하다.

이렇듯 당신이 원하는 바를 본질에 전달하려면 생각을 잘 정리해 보내야 한다. 자신이 무엇을 원하는지 파악하고 명확하게 정리해보자. 모호하고 흐릿한 소망을 전하면서 창조적 에너지가 행동을 개시하기를 기대할 수는 없다.

집을 둘러보며 소망을 정리하던 학생처럼 당신도 소망을 재검토해보자. 자신이 무엇을 원하는지 정확히 떠올려 생각하고 소망이 이뤄진 모습을 뚜렷한 이미지로 그리는 것이다.

항해사가 항상 목적지를 염두에 두듯이 당신 또한 완성된 이미지를 머릿속에 새기고 키잡이가 항해 방향을 잃지 않고자 나침반을 보듯이 자주 떠올리자.

무엇을 원하는지 알기 위해 집중해서 훈련하거나 특별히 시간을 정해두고 기도나 묵념을 할 필요는 없다. 자신이 원하는 것을 잘 알고, 그 이미지가 머릿속에 완전히 새겨질 만큼 간절히 원하면 된다.

시간이 날 때마다 가능한 한 오랫동안 그 이미지를 숙고하자. 사실 진정으로 간절히 원하는 것이라면 정신을 집중하려고 노력하지 않아도 자연스레 이미지가 떠오를 것이다. 부를 향한 당신의 소망이 일관된 목표를 지향할 정도로 간절하지 않다면 굳이 이 책에 담긴 지침을 실천하려고 애쓸 필요도 없다. 이 책은 게으르고 편하게 살고 싶은 달콤한 유혹을 물리칠 만큼 간절히 부자가 되고 싶은 이들을 위한 것이다.

머릿속에 분명하고 확실한 이미지를 그리고, 생각만 해도 기분 좋아지는 사소한 부분까지 오랫동안 숙고할수록 소망은 더 강렬해질 것이다. 소망이 강렬해질수록 더욱 쉽게 이미지에 집중할 수 있을 것이다.

뚜렷한 이미지 외에도 필요한 요소가 있다. 만약 그 점을 간과하고 이미지를 완성하는 데만 치중한다면 당신은 그저 몽상가에 머물 뿐, 소망을 이룰 힘을 손에 넣지 못할 것이다.

뚜렷한 이미지를 머릿속에 그렸다면 이제 그 이미지를 현실로 바꾸겠다는 목적의식이 있어야 한다. 목적의식과 함께 자신의 소망이 이미 이뤄졌으며 자신이 원하는 것을 당신의 손안에 넣었다는 확고한 확신이 있어야 한다.

새 집을 소망한다면 머릿속으로 이미 새 집에서 사는 것처럼 생각하자. 머릿속에서 새 집에 입주해 그동안 원하던 것을 완벽하게 누리자.

또 자신의 소망이 이뤄져 현실이 됐다고 생각하자. 평소에 원하던 것을 받아 활용하는 자신의 모습을 그려보자. 이미지가 뚜렷하고 확실해질 때까지 떠올리고, 이미지 안의 모든 것을 이미 소유하고 있다고 생각하면 된다. 물건이 실제로 내 것이라는 완전한 확신을 품고 마음속으로 그것을 소유하자. 이 모든 것이 현실이라는 확신을 유지하자.

더불어 앞 장에서 다뤘던 감사에 관한 조언을 기억하자. 소망이 이미 현실로 이뤄진 것처럼 항상 감사하는 마음을 지녀야 한다. 아직 상상 속에서만 이뤄진 소망을 두고 신에게 진심으로 감사하는 사람은 진정한 확신을 가진 셈이다. 그런 사람이라면 반드시 부자가 되고 무엇이든 원하는 것을 창조하도록 유도할 수 있다.

매일 반복해 기도할 필요는 없다. 매일 신에게 당신의 소망에 관해 이야기할 필요도 없다. 풍요로운 삶을 사는 데 도움이 되는 것을 향한 소망을 품고, 소망을 일관되게 정리한 다음, 소망을 이뤄줄 에너지와 의지가 있는 무형의 본질에 각인시키기만 하면 된다.

단, 공허한 말만 반복한다면 무형의 본질에 소망을 각인시킬 수 없다. 소망을 이루겠다는 굳은 목적의식과 소망이 이뤄지리라는 확신을 견지해야 한다.

기도에 대한 답은 기도를 읊을 때가 아니라 평소에 얼마나 확신을 품고 있는가에 따라 달라진다. 특별히 정해둔 안식일이나 기도 시간에만 신에게 소망을 전하고 나머지 시간에는 신을 까맣게 잊고 지낸다면 신의 정신에 소망을 각인시킬 수 없다.

말로 하는 기도에는 나름의 장점이 있다. 소망의 이미지를 뚜렷이 다지고 확신을 강화하는 등, 당신 자신의 마음을 다잡는 데 꽤 도움이 된다. 부자가 되고 싶다면 따로 기도 시간을 정해두지 말고 항상 기도해야 한다. 여기서 기도란 소망을 구현하리라는 목적의식과 지금 소망이 이뤄지고 있다는 확신을 갖고 비전을 착실히 견지하는 것을 의미한다.

비전을 명확하게 그렸다면 이제 경건한 기도를 통해 궁극적 존재에게 비전을 전하자. 그 순간부터는 자신이 청한 것이 이미 이뤄졌다고 생각하고, 그것을 받아들여야 한다. 마음속으로 새 집에 살고, 좋은 옷을 입고, 자가용을 타고, 여행을 한다고 생각하자. 자신이 청한 것을 지금 실제로 소유하고 있는 것처럼 말하고 또 생각하자. 주변 환경과 경제 상황이 모두 이상적이라고 상상하자. 그리고 상상 속의 이상적인 환경에서 시간을 보내자. 단, 한낱 몽상가처럼 공상만 하는 것은 금물이다. 상상이 이뤄지는 중이라는 확신과 상상을 현실로 구현하려는 목적의식을 견지하는 것이 중요하다.

자기확신을 실천하는 사람과 몽상가를 가르는 기준은 상상할 때의 확신과 목적의식의 유무라는 것을 잊지 말자. 그 점을 염두에 두고 이제 의지를 올바르게 활용하는 법을 배워보자.

9장

의지는 필요한 곳에
활용하라

절대 방식을 통해 부자가 되려면 당신 자신 외의 어떤 것에도 의지력을 남용하지 말아야 한다. 사실 누구에게도 그렇게 할 권리는 없다. 남을 이용해 자신의 소망을 이루고자 의지력을 행사하는 것은 옳지 못한 일이다.

정신력을 이용해 사람을 조종하는 것은 물리력을 행사해 남을 노예로 만드는 것만큼이나 옳지 못한 행동이다. 정신적 힘을 이용해 남의 물건을 빼앗는 것 또한 폭력을 동원한 강도짓과 다를 바가 없다. 두 행동은 근본적으로 같다.

사람은 다른 사람에게 의지력을 행사할 권리가 없다. 상대를 위한 일일지라도 마찬가지다. 결과적으로 그 일이 상대에게 좋은 영향을 줄지 어떨지 알 수 없기 때문이다. 부자의 자기확신을 따르면 남에게 의지력을 행사할 필요가 없다. 그렇게 해봤자 목적의식을 무너뜨리는 결과를 낳을 뿐이다.

자신이 원하는 물건을 얻기 위해 사물에 의지력을 행사할 필요는 없다. 이는 신을 강요하는 것과 같으며, 어리석고 쓸모없으며 불경한 짓이다. 아침에 해가 뜨도록 의지력을 발휘할 필요가 없듯이, 신에게 좋은 것을 달라고 강요할 필요도 없다.

당신을 싫어하는 신이나 완고한 우주적 존재를 마음대로 조종하겠다며 의지력을 발휘할 필요도 없다. 궁극적 본질은 당신에게 호의적이다. 당신이 원하는 것을 얻고 싶어 하는 마음보다 궁극적 본질이 그것을 당신에게 주고자 하는 마음이 더 크다. 부자가 되고자 한다면 당신 자신의 일에만 의지력을 발휘해야 한다.

무엇을 생각하고 어떻게 행동할지 알게 됐다면, 이제 의지력을 활용해 당신 자신이 올바른 생각과 행동을 하도록 제어해야 한다. 의지력을 이용해 올바른 길에서 벗어나지 않도록 하고, 절대 방식에 따라 생각하고 행동하도록 지속적으로 노력하자.

사물이나 사람에게 영향력을 행사하겠다고 의지, 생각, 정신을 외적으로 투사하는 것은 금물이다. 당신 자신에게 정신을 집중할 때 다른 데 신경 쓰는 것보다 더 많은 것을 성취할 수 있다.

자신이 원하는 것의 이미지를 또렷하게 그리고, 목적의식 및 확신과 더불어 그 이미지를 견지하자. 그리고 의지력을 활용해 정신이 올바른 길에서 벗어나지 않도록 하자.

확신과 목적의식이 견고하고 오랫동안 지속될수록 더 빠르게 부자가 된다. 궁극적 본질에 긍정적 인상을 각인시키는 한편, 부정적 이미지를 전달해 효과가 상쇄되는 일이 없기 때문이다. 확신과 목적의식을 갖추고 소망의 이미지를 견지하면 무형의 본질이 그 이미지를 전달받아 온 우주로 퍼지게 할 것이다.

각인된 이미지가 우주에 퍼지면 만물은 이미지가 현실로 구현되도록 움직이기 시작한다. 모든 생물, 무생물, 아직 창조되지 않은 피조물이 당신의 소망을 구현하는 방향으로 흘러간다. 모든 힘이 그 방향으로 작용한다. 모든 것이 당신을 향해 다가온다. 지구 방방곡곡에 사는 사람들의 마음이 당신의 소망을 이룰 수 있도록 돕는 방향으로 움직인다. 이들은 무의식적으로 당신의 소망이 구현되는 데 힘을 보태게 된다.

무형의 본질에 부정적 이미지를 각인시키면 모든 흐름이 멈춰버릴 수 있으니 주의하자. 확신과 목적의식이 순풍을 불러오듯 불신과 회의는 역풍을 일으킨다. 정신력을 이용해 부자가 되려는 사람들이 대부분 그 사실을 이해하지 못해 실패하고 만다. 회의, 두려움, 걱정, 불신에 휩쓸릴 때마다 당신은 역풍에 휘말리듯 전지적 본질에서 멀어진다. 희망은 확신을 품은 사람에게만 주어진다.

확신은 지극히 중요하므로 생각을 잘 다스려야 한다. 확신은 당신이 본 것과 생각하는 것을 바탕으로 형성되기에, 아무 데나 시선을 돌리는 것은 금물이다. 여기서 의지력이 중요한 역할을 한다. 어디에 시선을 집중할지 결정하는 것은 의지력에 달려 있기 때문이다.

부자가 되고 싶다면 빈곤을 생각지 말아야 한다. 소망과 반대되는 이미지는 아무리 숙고해도 소망을 현실로 이루는 데 도움이 되지 않는다. 질병을 연구하고 병에 대해 생각한다고 해서 건강을 손에 넣을 수는 없다. 죄악을 공부하고 죄악에 대해 생각하면 정의를 퍼뜨릴 수 없다. 마찬가지로 빈곤을 연구하고 빈곤을 생각하면 부자가 될 수 없다.

가난에 대해 이야기하거나 탐구하거나 걱정하지도 말자. 가난의 원인이 무엇인지 고민하지 말자. 가난의 원인은 부자가 되는 것과는 아무 상관도 없다.

무엇보다 가난의 해결책이 중요하다. 자선사업이나 빈곤퇴치운동에 시간을 낭비하지 말자. 모든 자선사업은 오히려 빈곤을 영속화시킨다. 어려운 사람들의 비명에 냉정하게 귀를 막으라는 뜻이 아니다. 기존의 방식으로 빈곤을 퇴치하려 들지 말아야 한다는 의미다. 가난과 관련된 모든 것을 뒤로하고 부자가 되자. 부자가 되는 것이야말로 가난한 이를 도울 수 있는 최선의 방법이다.

머릿속을 빈곤의 이미지로 채우면 당신을 부자로 만들어줄 이미지들을 견지할 수 없다. 비참한 빈민가, 끔찍한 아동 노동 등 가난의 현실을 상세하게 다룬 책이나 논문은 읽지 말자. 갈망과 고통의 우울한 이미지로 머릿속을 가득 채우는 것은 아무것도 읽지 말자. 당신이 가난의 현실을 안다고 해서 가난한 사람에게 도움이 되지는 않는다. 그런 내용이 널리 알려진다 해서 빈곤이 사라지는 것도 아니다. 머릿속을 가난의 이미지로 채우지 않는다고 해서 가난한 사람들을 비참한 환경에 버려두는 것은 아니다.

빈곤을 퇴치하려면 당신의 정신을 빈곤의 이미지로 채우기보다 가난한 이들의 정신을 부의 이미지로 채워야 한다. 빈곤은 퇴치할 수 있다. 빈곤에 대해 생각하는 부자의 수가 아니라, 부자가 되겠다는 확신과 목적의식을 갖춘 가난한 사람의 수가 늘어나면 된다.

가난한 이에게는 자선이 아니라 영감이 필요하다. 자선은 빵을 보내 지금 가난한 사람들이 처한 비참한 환경에서 하루를 더 머물게 하거나, 오락거리를 마련해 현실을 잠시 잊도록 하는 식의 미봉책에 불과하다. 그러나 영감은 그들이 가난을 떨치고 일어서도록 돕는다. 그러므로 가난한 사람을 돕고 싶다면 그들도 부자가 될 수 있다는 사실을 몸소 보여주는 편이 훨씬 바람직하다. 당신이 직접 부자가 돼 증명해 보이면 된다. 그리고 더 많은 사람이 이 책에 적힌 지침을 따르도록 하는 것이 빈곤을 세상에서 없앨 유일한 방법이다.

사람들은 경쟁적 방식이 아니라 창조적 방식으로 부자가 되는 법을 배워야 한다. 경쟁을 통해 부자가 된 사람은 남들이 따라오지 못하도록 자신이 올라온 사다리를 걷어차버린다. 그러나 창조를 통해 부자가 되는 사람은 수천 명이 뒤따를 수 있는 넓은 길을 닦고 모두가 자신을 따라 부자가 되도록 영감을 전해준다.

빈곤의 현실을 들여다보거나 그에 관한 이야기를 읽고 생각하고 말하고 듣는 것을 거부한다고 해서 당신이 냉혹하거나 무정한 것은 아니다. 의지력을 발휘해 빈곤의 이미지에 휩쓸리는 대신 풍요의 비전에 정신을 집중하자.

10장

부자가 되는 것에
온 정신을 쏟아라

9장에서 언급했듯 부와 반대되는 이미지에 계속 시선을 집중하면 부의 명확한 이미지를 유지할 수 없다.

과거에 경제적 문제를 겪었다면 그와 관련된 생각이나 말은 하지 말자. 부모가 가난했다거나 어려운 유년기를 보냈다고 하소연하지 말자. 그런 말을 하면 그 순간만큼은 정말 자신이 빈곤한 사람이라 여기게 된다. 그런 행동은 소망이 이뤄지는 흐름을 막는다. 가난을 비롯해 그와 관련된 모든 것은 뒤로하고 계속 나아가

자. 당신은 이미 올바른 우주의 이론을 받아들였고, 그 이론에 모든 희망과 행복을 걸고 있다. 그와 반대되는 이론에 신경 써봤자 아무런 이득도 얻을 수 없다.

곧 세상의 종말이 온다고 말하는 종교서적은 읽지 말자. 세상이 망할 거라 주장하는 비관론적 철학자의 글도 읽지 말자. 세상은 망하지 않는다. 세상은 신을 향해 나아간다. 세상은 아름답게 변화하고 있다.

물론 세상에는 좋지 않은 일도 많이 벌어진다. 그러나 곧 사라질 문제를 두고 골머리를 앓을 필요는 없다. 당신의 생각이 문제가 사라지는 데 도리어 방해가 된다면 더욱 그렇다. 그런 문제는 세상이 진화하면 자연스레 사라진다. 굳이 시간과 주의력을 낭비할 필요는 없다. 세상의 진화 과정에서 당신이 제 몫을 다하면 문제는 한층 빨리 사라진다. 어떤 국가나 지역이 좋지 못한 상황에 처해 있더라도, 그 생각에 집중하는 것은 당신의 시간을 낭비하고 좋은 흐름을 망가뜨리는 짓이다. 그 대신 세상 전체를 더 풍요로운 곳으로 만드는 데 정신을 집중하자.

세상이 진화하면서 점점 없어져갈 문제인 빈곤에 집착하지 말고, 세상을 점점 더 좋게 만드는 풍요로움에 대해 생각하자. 그리고 세상이 풍요로워지는 데 이바지할 유일한 방법은 당신 자신이 창조적 방식을 따라 부유해지는 것이라는 사실을 잊지 말자.

부에만 온 정신을 쏟자. 빈곤은 무시하자.

가난한 사람에 대해 생각하거나 말할 때는 그들이 부자가 되는 과정에 있다고 생각하고 또 말하자. 동정이 아니라 축하를 받아 마땅하다고 생각하고, 그에 맞게 말하자. 그런 생각이 퍼져나가면 가난한 사람들도 영감을 받아 빈곤에서 벗어날 길을 찾기 시작할 것이다.

부에 모든 시간과 정신과 생각을 집중하라는 말이 탐욕스럽고 매정하게 행동하라는 뜻은 아니다. 큰 부자가 되는 것은 다른 모든 것을 아우르며 삶에서 추구해야 하는 가장 고귀한 목표다. 경쟁적 차원에서라면 부자가 되기 위해 남을 밟고 힘을 손에 넣으려고 아귀다툼을 벌여야 한다. 그러나 창조적 차원에서는 그렇지 않다. 창조적 방식을 따르면 당신은 부자가 되는 동시에 위대한 사람으로 거듭나며 사회에 이바지하고 선한 일을 할 수 있게 된다.

건강이 좋지 않다면 부자가 돼야 건강해질 수 있다는 사실을 깨닫게 될 것이다. 경제적 스트레스에서 자유로운 사람, 걱정 없이 살고 위생 수준을 유지할 수 있는 수단이 있는 사람만이 건강을 얻고 또 유지할 수 있다.

생존을 위한 경쟁을 초월한 사람만이 도덕적, 영적으로 위대해질 수 있다. 창조적 차원에서 부자가 된 이들은 경쟁의 악영향을 받지 않는다. 가정의 행복을 목표로 삼고 있다면, 정신적 수준이 높고 좋지 않은 일들의 훼방을 받지 않는 아름다운 곳에서 사랑이 가장 멋지게 꽃핀다는 것을 기억하자. 다툼이나 경쟁에 휘말리지 않고 창조적 방식으로 부를 일궈야만 이런 장점을 누릴 수 있다.

다시 말하지만 부자가 되는 것보다 더 위대하고 고귀한 목표는 없다. 부의 이미지에 집중하고 비전을 흐리는 것은 모두 제쳐놓자. 무엇보다 모든 상황 뒤에 숨겨진 진리를 볼 수 있어야 한다. 겉으로는 상황이 좋지 않아 보이더라도, 그 이면에서는 위대한 우주적 존재가 더 풍요로운 생명의 구현과 완전한 행복을 향해 항상 나아가고 있다는 사실을 잊지 말자.

빈곤이란 없다. 부가 있을 뿐이다. 일부 사람들이 빈곤에서 벗어나지 못하는 것은 그들 몫의 부가 있다는 사실을 모르기 때문이다. 당신이 몸소 부자가 되는 모습을 그들에게 보여준다면 가장 효과적인 지침이 될 것이다.

한편 출구가 있다는 것은 알지만 너무 나태한 탓에 가난한 사람도 있다. 부자가 되는 방법을 찾고 실천하기에는 너무 게으른 사람이 있다면 그들의 소망을 일깨워야 한다. 당신은 그저 올바른 방식으로 부자가 됐을 때 어떤 행복이 찾아오는지 직접 보여주기만 하면 된다.

부자의 자기확신을 어느 정도 알고 있지만 온갖 방법과 이론의 미로 속을 헤매느라 가난에서 벗어나지 못하는 사람도 있다. 이런 부류는 여러 이론을 뒤죽박죽 시도해보지만 모두 실패한다. 이런 경우에도 행동을 통해 올바른 길을 보여주는 것이 가장 효과적이다. 백문이 불여일견이다.

당신이 세상 모든 사람에게 이바지할 수 있는 가장 좋은 방법은 당신 자신이 최선의 모습으로 발전하는 것이다. 경쟁적 방식이 아니라 창조적 방식을 통해 몸소 부자가 되는 것이야말로 신과 인류에게 이바지하는 가장 효과적인 방법이다.

덧붙이자면 이 책은 부자가 되는 절대 방식을 충분히 상세히 다루고 있으므로 다른 책은 읽을 필요가 없다. 편협하고 자기중심적인 조언 같겠지만 수학에 빗대어 생각해보면 납득이 갈 것이다. 수를 셈하는 방식은 사칙연산뿐이며 두 점을 잇는 최단거리 또한 하나뿐이다. 마찬가지로 부자가 되는 절대적인 방법 또한 하나뿐이다. 절대 방식은 목표 지점에 가닿는 가장 단순한 직선과 같다.

지금까지 이 책에 담긴 것보다 더 간단한 방법을 내놓은 사람은 없다. 이 책에 나온 대로 부자의 자기확신을 실천하기 시작했다면 다른 모든 이론은 제쳐두자. 아예 머릿속에서 떨어내자.

이 책을 지니고 다니며 매일 읽고 부자의 자기 확신을 기억에 깊이 새기자. 그리고 다른 이론에 대해 생각하지 말자. 다른 이론을 떠올렸다가는 회의적인 생각이 피어올라 생각이 불확실해져 결국 실패할 것이다.

일단 성공하고 부자가 된 다음에는 다른 이론을 공부해도 상관없다. 그러나 자신이 원하는 것을 얻었다고 확신하기 전까지는 이 책 외의 다른 이론서는 읽지 말자.

뉴스를 본다면 당신이 만들어낸 이미지와 조화를 이루는 긍정적인 뉴스만 보자. 신비주의에 경도되는 것 또한 좋지 않다. 접신, 점술, 강령 등에 관심을 갖지 말자. 신비주의에 휩쓸리기 시작하면 정신이 산란해져서 희망이 무너지게 된다.

지금까지 다룬 내용을 정리해보자.

- 만물의 원천인 생각하는 본질이 존재한다. 이 본질은 우주의 모든 공간을 충만하게 채우고 어디에나 스며 있다.
- 태초의 본질이 어떤 생각을 떠올리면 그 생각에 상응하는 형체가 창조된다.
- 사람은 형체를 생각해낼 수 있다. 그 생각을 무형의 본질에 각인시키면 생각하는 것이 창조되도록 유도할 수 있다.

위의 지침대로 실천하려면 반드시 경쟁적 사고를 멈추고 창조적 태도를 지녀야 한다. 소망하는 것의 이미지를 또렷하게 그리고, 확고한 목적의식과 확신을 바탕으로 그 이미지를 견지해야 한다. 목적의식을 뒤흔들고 비전을 흐리게 하며 확신에 찬물을 끼얹는 모든 것에는 마음의 문을 닫아야 한다.

이제 절대 방식에 따라 살고 행동하는 법에 관해 살펴보도록 하자.

11장

생각을 행동으로 옮겨라

생각은 창조적 에너지 그 자체, 또는 창조적 에너지가 행동을 개시하도록 유도하는 힘이다. 절대 방식으로 생각하면 부가 다가온다. 하지만 행동은 제쳐둔 채 생각에만 의존하면 곤란하다. 많은 형이상학 사상가들은 이 지점에서 생각과 행동을 연결 짓지 못해 난파하고 말았다.

인류는 아직 생각을 통해 무형의 본질에서 직접 형체를 창조해내는 단계에 다다르지 못했다. 심지어 그런 가능성을 상상해보지도 못했다. 그렇기 때문에 사람은 생각하는 동시에 행동함으로써 그 생각을 보완해야 한다.

생각을 이용하면 산속 깊은 곳에 묻혀 있는 금이 나를 향해 다가오도록 유도할 수 있다. 그러나 금이 저절로 채굴돼 제련되고 금화로 바뀌어 주머니로 굴러들어오지는 않는다.

궁극적 존재의 영향 아래 인간사는 다음과 같이 흘러간다. 본질의 인도를 받은 어떤 사람이 나를 대신해 금을 채굴한다. 다른 사람들이 사업을 운영해 거래를 하면서 금은 점점 내 쪽으로 다가온다. 이제 나는 금을 받을 수 있도록 사업상 준비를 갖춰야 한다. 이렇듯 생각은 금이 내게 다가오도록 만물을 움직인다. 그리고 자신에게 다가온 금을 올바르게 받으려면 적절한 행동을 취해야 한다. 모든 거래 상대로부터 받은 돈 이상의 가치를 내줘야 한다.

생각을 현명하게 활용하려면 우선 소망을 뚜렷하고 분명하게 그려야 한다. 그리고 소망을 이루겠다는 목적의식과 소망이 이뤄지리라는 감사 어린 확신을 품고서 그 소망을 구현해야 한다.

생각이 당신을 대신해 모든 일을 해줄 거라 여기고 신비주의적이거나 초자연적인 방식으로 생각을 투사하는 것은 금물이다. 그런 노력은 허사일뿐더러 이성적으로 생각할 능력을 좀먹는다.

부자가 되는 과정에서 생각이 담당하는 역할은 앞 장에서 상세히 설명했다. 당신이 품고 있는 확신과 목적의식은 당신과 마찬가지로 생명이 확장하기를 바라는 존재인 무형의 본질에 각인된다. 본질은 만물의 창조적 힘이 기존의 경로를 따라 당신에게 흘러오도록 유도한다.

창조의 과정을 유도하거나 관장하는 것은 당신의 몫이 아니다. 당신은 오로지 비전과 목적의식을 잃지 않고 확신과 감사하는 마음을 견지하면 된다.

단, 원하는 것이 다가왔을 때 잘 받고 제자리를 찾아놓을 수 있도록 절대 방식으로 행동하는 것을 잊지 말아야 한다. 당신이 원하는 것을 손에 쥔 사람은 당신에게 그것을 제공하는 대가를 당신에게 요구할 것이다. 상대가 원하는 것을 줘야 내 것을 받을 수 있다. 아무 노력을 하지 않으면 당신의 지갑은 언제나 돈이 가득 채워지는 화수분으로 바뀌지 않는다.

부자의 자기확신에서 무엇보다도 중요한 것은 생각과 행동이 만나는 지점이다. 강렬하고 지속적으로 소망을 품어 창조적 힘을 끌어당기면서도 정작 소망이 다가왔을 때 받을 준비를 하지 않아 부자가 되지 못하는 사람들이 많다. 즉 생각을 통해 원하는 것이 당신에게 다가오도록 하고, 행동을 통해 그것을 받아야 한다.

어떤 행동을 하든 '지금' 행동해야 한다는 사실이 중요하다. 지나간 과거의 순간에서 행동할 수는 없다. 오히려 머릿속에서 과거를 지워버리는 편이 이미지를 명확하게 그리는 데 도움이 된다. 아직 오지 않은 미래의 순간에서도 행동할 수 없다.

지금 당신이 몸담고 있는 업계나 상황이 당신과 잘 맞지 않더라도 잘 맞는 업계나 환경에 진출할 때까지 행동을 미루면 안 된다. 나중에 어떤 사건이 발생했을 때 어떻게 해야 할지 고민하느라 지금의 시간을 낭비하는 것도 금물이다. 어떤 사건을 맞닥뜨리든 대처할 수 있는 능력을 갖췄다고 확신하자. 미래에 신경 쓰면 현재의 행동에 정신이 집중되지 않기 때문에 효율이 떨어진다. 정신을 한데 모아 현재의 행동에 집중하자.

창조적인 생각을 태초의 본질에 전한 뒤 손 놓고 앉아서 결과를 기다리지 말자. 그랬다간 언제까지나 원하는 결과를 얻지 못할 것이다. 지금 행동하자. 지금이야말로 행동을 개시하기에 가장 좋은 순간이다. 좋은 시기를 기다리며 미룬다고 더 좋은 시기가 찾아오지는 않는다. 자신이 원하는 것을 얻을 준비를 시작하기에 가장 적절한 시기는 바로 지금이다.

무엇이든 간에 당신이 하는 행동은 현재 상황에 바탕을 두고 있을 것이다. 즉 지금 몸담고 있는 업계, 주변에 있는 사람, 가지고 있는 물건을 기반으로 행동을 개시할 가능성이 높다. 지금 있는 자리가 아닌 곳에서 행동을 시작할 수는 없다. 예전에 있었던 자리에서 행동할 수도, 나중에 있을 자리에서 행동할 수도 없다.

사람은 오로지 지금 있는 위치에서만 행동할 수 있다.

어제 한 일의 완성도는 신경 쓰지 말자. 오늘의 일을 잘하자. 내일의 일을 오늘 해버리려고 들지 말자. 내일이 되면 내일의 일을 할 시간이 있을 것이다.

점술 같은 초자연적 수단을 동원해 당신의 영향권 밖에 있는 사람이나 사물을 조종하려 들지 말자.

환경이 바뀌기를 기다리지 말고 먼저 행동하자. 행동을 통해 환경을 바꾸자. 지금 처한 환경에서 올바른 방식으로 행동함으로써 더 나은 환경으로 옮겨가야 한다.

확신과 목적의식을 바탕으로 더 나은 환경에 있는 자신의 이미지를 견지하되, 동시에 지금 처한 환경에서 전심전력을 다해 행동을 개시하자.

단 1초도 다른 꿈을 꾸거나 몽상하는 데 허비하지 말자. 당신이 원하는 유일한 비전을 견지하고 지금 당장 행동하자.

부자가 되는 첫발을 내딛겠다며 무언가 새로운 일에 손을 대거나 특이하고 비범한 행동을 하려고 들지 말자. 한동안은 과거에 해왔던 일을 계속해야 한다. 지금까지 해온 일을 절대 방식에 따라 수행하기만 하면 된다.

당신과 잘 맞지 않는 일을 하고 있다면 맞는 업계에 진출할 때까지 기다리지 말고 지금 당장 행동하자.

제자리를 찾지 못했다며 낙심하거나 주저앉아 슬퍼하지 말자. 지금 제자리를 찾지 못했다 해도 언젠가 자신과 맞는 자리를 찾게 될 것이다. 지금 맞지 않는 업계에 매여 있다 해도 언젠가 맞는 업계에 진출하게 될 것이다.

자신과 맞는 업계에서 일하는 자신의 모습을 계속 그려보고 목적과 확신을 갖자. 그러나 지금 몸담고 있는 업계에서 행동을 개시하자. 현재의 직장과 환경을 바탕 삼아 더 나은 곳으로 옮겨가자. 확신과 목적의식을 갖고 원하는 업계에 대한 비전을 견지하면, 궁극적 존재는 그 업계가 당신에게 다가오도록 유도할 것이다. 그리고 절대 방식대로 행동하면 당신 또한 원하는 업계 쪽으로 다가가게 될 것이다.

현재 월급쟁이이고, 자신이 원하는 것을 얻고자 이직을 해야 한다면 그 일을 하는 자신의 모습을 계속 그려보자. 더불어 확신과 목적의식을 갖고 지금 하는 일을 해내자. 그러면 곧 원하는 곳에서 일할 수 있을 것이다.

비전과 확신은 창조의 힘을 움직여 이상적인 직장이 당신에게 다가오도록 해줄 것이다. 그리고 행동은 지금 당신 주변의 힘을 움직여 당신이 이상적인 직장에 가까이 다가가도록 해줄 것이다. 지금까지 정리한 내용에 한 가지 법칙을 추가해보자.

- 만물의 원천인 생각하는 본질이 존재한다. 이 본질은 우주의 모든 공간을 충만하게 채우고 어디에나 스며 있다.
- 태초의 본질이 어떤 생각을 떠올리면 그 생각에 상응하는 형체가 창조된다.
- 사람은 형체를 생각해낼 수 있다. 그 생각을 무형의 본질에 각인시키면 생각하는 것이 창조되도록 유도할 수 있다.
- 그러려면 경쟁적 사고에서 창조적 사고로 나아가야 한다. 자신이 원하는 것의 이미지를 또렷하게 그리고, 목적의식 및 확신과 더불어 그 이미지를 견지하자. 또한 목적의식을 뒤흔들고 비전을 흐리게 하며 확신을 좀먹는 것으로부터 마음의 문을 닫아두자.

자신이 원하는 것이 다가왔을 때 놓치지 않고 잘 받아들이려면 지금 처한 환경, 지금 만나는 사람, 지금 가진 물건을 바탕으로 당장 행동을 개시해야 한다.

12장

지금 자리에서
해야 할 일을 다하라

이제 앞서 다룬 지침에 따라 생각하고, 지금의 위치에서 할 수 있는 행동을 모두 실천해야 한다. 지금 자신이 있는 자리보다 더 큰 자리에 있는 사람이 돼야만 앞으로 나아갈 수 있다. 지금의 자리에서 해야 할 일 중 단 하나라도 완수하지 않으면 절대 지금보다 더 큰 사람이 될 수 없다. 세상은 자신의 자리를 단순히 채우는 데 그치지 않고 그 이상을 해내는 이들 덕분에 발전한다.

모든 사람이 지금의 자리에서 해야 할 일을 다하지 못한다면 인류는 퇴보할 수밖에 없다. 제 몫을 다하지 못하는 사람은 사회, 정부, 산업계의 짐이자 남들이 큰 비용을 치러가며 책임져야 하는 존재다. 이들은 진보하는 세상의 발목을 잡을 뿐이다. 또한 과거의 시대, 생명의 하위 단계에 속한 채 퇴보하는 방향으로 행동한다. 모든 구성원이 제 몫을 다하지 못하는 사회는 절대 앞으로 나아갈 수 없다. 사회적 진화는 물리적, 정신적 진화의 법칙에 따라 진행된다.

동물의 세계에서 진화는 생명이 어떤 수준 이상으로 발전할 때 이뤄진다. 생물체가 자기 수준에서 구현할 수 있는 것 이상의 에너지를 지니게 되면 더 높은 차원의 장기가 발달돼 새로운 종으로 진화한다. 자신의 자리를 채우고도 남을 만큼 발전한 생명체가 없다면 새로운 종도 생기지 않을 것이다. 이 법칙은 사람에게도 똑같이 적용된다. 당신이 부자가 될 것인지의 여부는 이 원칙을 자신의 상황에 적용하는가에 달려 있다.

인생의 하루하루는 모두 성공의 날과 실패의 날로 갈린다. 소망을 이루는 데 도움이 되는 일을 한 날은 성공의 날이다. 매일같이 실패의 날을 지낸다면 언제까지나 부자가 될 수 없다. 반면 매일같이 성공의 날을 보낸다면 반드시 부자가 될 것이다.

오늘 해야 할 일이 있는데 하지 않았다면 오늘은 그 일에 관한 한 실패의 날이다. 그 결과는 생각보다 더 심각할 수 있다.

아무리 사소해 보이는 행동이라도 결과를 모두 예측할 수는 없다. 나와 관련된 우주에서 일어나는 힘의 작용을 모두 파악하기란 불가능하기 때문이다. 당신의 단순한 행동에 따라 많은 것이 달라질 수 있다. 단순한 행동이 엄청난 기회의 문을 열어줄 수도 있다. 궁극의 지성이 당신을 위해 이 세상에서 행하는 일과 인간사가 어우러지는 이치를 속속들이 알 수는 없다. 따라서 작은 일이라도 등한시하거나 실패하면 소망을 현실화하는 과정이 생각보다 많이 늦어질 수 있다.

매일, 그날 할 수 있는 것을 모두 해내도록 노력하자. 단, 염두에 둬야 하는 조건이 있다. 최단시간에 최대한의 일을 해내려고 맹목적으로 일에 뛰어들거나 과로하는 것은 금물이다. 내일 할 일을 오늘 하거나 일주일치 일을 하루에 끝내려 하지 말자. 얼마나 많은 일을 하는지가 아니라 얼마나 효율적으로 일하는지가 중요하다.

모든 행동은 성공과 실패로 나뉜다. 모든 행동은 효율적 행동과 비효율적 행동으로 나뉜다. 비효율적 행동은 실패와 동의어이며 비효율적 행동만 하면서 인생을 흘려보내면 인생 전체가 실패의 나락으로 굴러떨어질 수 있다. 비효율적 행동만 할 경우 많이 행동할수록 상황은 더 나빠질 것이다. 반면 효율적 행동은 성공과 동의어이며 효율적 행동만 한다면 인생 전체가 성공적으로 흘러갈 것이다.

실패는 비효율적 행동을 지나치게 많이 하고 효율적 행동을 충분히 하지 않기 때문에 일어난다. 비효율적 행동을 전혀 하지 않고 효율적 행동을 충분히 하면 부자가 된다. 지금부터 모든 행동을 효율적으로 해낸다면 부를 손에 넣는 과정이 수학의 풀이만큼 절대적인 과정에 따라 흘러간다는 것을 깨닫게 될 것이다.

각각의 행동을 얼마나 성공적으로 해낼 수 있는지가 관건이다. 단언컨대 당신은 분명 모든 행동을 성공적으로 해낼 수 있다. 전능한 존재가 당신과 함께하며 전능한 존재는 실패하지 않기 때문이다. 우주의 힘은 늘 당신을 돕고 있다. 모든 행동을 효율적으로 해내려면 힘을 불어넣기만 하면 된다.

모든 행동은 강력한 행동과 그렇지 못한 행동으로 나뉜다. 모든 행동을 강력하게 해낸다면 부자가 되는 절대 방식대로 행동하고 있는 것이나 마찬가지다.

행동하는 동안 비전을 견지하고, 확신과 목적의식이 지닌 에너지를 행동에 쏟아부으면 모든 행동을 효과적, 효율적으로 해낼 수 있다. 바로 이 지점에서 행동과 정신력을 구분하지 못하는 이들이 실패하는 것이다. 그들은 정신을 집중해야 할 때와 행동해야 할 때를 구분하지 못해 비효율적이고 성공적이지 못한 행동을 하고 만다. 그런 실수를 저지르지는 말자. 전능한 힘이 모든 행동에 깃들도록 한다면 아무리 사소한 행동이라도 성공적으로 해낼 수 있을 것이다. 그리고 사물의 본성이 그렇듯이 모든 성공은 다른 성공의 문을 열어주므로 당신과 소망이 서로에게 다가가는 속도는 점점 더 빨라질 것이다.

성공적인 행동이 축적돼 결과를 만들어낸다는 사실을 기억하자. 모든 존재에는 더 많은 생명을 향한 열망이 내재돼 있으므로 더 풍요로운 삶을 향해 나아가기 시작하면 더 많은 것들이 내게 다가온다. 그리고 내가 품은 소망의 영향력은 한층 불어난다.

매일 그날 할 수 있는 일을 모두 해내고 각각의 행동을 효율적인 방식으로 해내자.

제아무리 사소하고 흔한 일이라도 항상 비전을 견지한 채 해내야 한다. 일할 때에도 세세한 부분까지 또렷하게 비전을 그리라는 뜻은 아니다. 상상력을 활용해 비전을 상세히 그리고 기억에 완전히 새겨질 때까지 숙고하는 것은 한가한 시간에 해야 한다. 빨리 성과를 내려면 여유시간을 모두 투자해 비전을 숙고하자.

이렇게 지속적으로 숙고하면 소망하는 것의 이미지를 아주 작은 부분까지 상세히 그려볼 수 있을 것이다. 숙고한 이미지는 마음속에 견고하게 각인되고 무형의 본질에 완전히 전달되므로 일하는 동안에 잠깐만 떠올려도 확신과 목적의식이 솟아오를 것이다. 그러면 일에 전심전력을 다할 수 있다. 한가한 시간에 이미지를 충분히 숙고해 머릿속을 그 생각으로 가득 채워두고, 나중에 순간적으로 떠올릴 수 있도록 하자. 생각을 떠올리기만 해도 이미지에 어린 밝은 희망이 에너지를 샘솟게 해줄 것이다.

지금까지 정리한 내용을 다시 살펴보자. 위에서 다룬 내용을 반영해 마지막 부분을 고쳤다.

- 만물의 원천인 생각하는 본질이 존재한다. 이 본질은 우주의 모든 공간을 충만하게 채우고 어디에나 스며 있다.
- 태초의 본질이 어떤 생각을 떠올리면 그 생각에 상응하는 형체가 창조된다.
- 사람은 형체를 생각해낼 수 있다. 그 생각을 무형의 본질에 각인시키면 생각하는 것이 창조되도록 유도할 수 있다.
- 그러려면 경쟁적 사고에서 창조적 사고로 나아가야 한다. 소망의 뚜렷한 이미지를 그려보고, 확신과 목적의식을 바탕으로 매일 해야 하는 일을 모두 효율적인 방식으로 해내야 한다.

13장

재능은
잘 사용해야 할 도구다

어떤 업계에서든 성공 여부는 그 업계에서 요구하는 능력을 가지고 있느냐에 달려 있다.

음악 실력이 좋지 않으면 음악 교사로서 성공할 수 없다. 기계를 다루는 능력이 부족하면 기계 분야에서 큰 성공을 이룰 수 없다. 고객의 욕구를 파악하는 감각과 장사 수완이 없다면 장사에서 성공할 수 없다. 그러나 업계에서 요구하는 능력을 갖췄다고 해서 반드시 부자가 되는 것은 아니다. 뛰어난 재능을 갖고 있지만 가난한 음악가도 있고, 손재주가 좋지만 부자가 되지 못하는 대장장이와 목수도 있으며, 사람을 상대하지만 문을 닫는 상인도 있다.

이러한 능력은 도구와 같다. 좋은 도구를 갖추는 것도 무척 중요하지만, 도구를 '올바른 방식'으로 쓰는 것은 더 중요하다. 잘 드는 톱, 자, 대패를 갖추고 있다고 해도 근사한 가구를 순식간에 뚝딱 만들 수는 없다. 같은 도구를 쓰더라도 어떤 사람은 멋진 가구를 만들고 다른 사람은 누군가의 작품을 보고 따라 했는데도 불구하고 어설픈 결과물을 낸다. 좋은 도구를 제대로 쓰는 방법을 모르기 때문이다.

다양한 재능은 부자가 되는 과정에서 사용할 도구다. 이런 도구를 잘 갖추고 관련 업계에 진출한다면 더 쉽게 성공할 수 있다.

일반적으로는 자신이 타고난 재능과 적성에 잘 맞는 업계에 있을 때 가장 큰 성공을 거둘 수 있다. 그러나 주의할 점이 있다. 직업을 정할 때 타고난 적성의 한계를 절대 초월할 수 없다고 믿으면 안 된다.

당신은 어떤 업계에서나 부자가 될 수 있다. 타고난 재능이 없다면 노력을 통해 계발하면 된다. 이미 자신의 손에 들고 태어난 도구를 사용하는 대신 일하면서 도구를 만들면 되는 것과 같은 이치다. 물론 타고난 소질과 관련된 업종에서는 더 쉽게 성공할 수 있을 것이다. 그러나 소질이 많지 않더라도 계발하면 된다. 그러므로 어떤 업종에서든 성공의 가능성은 항상 열려 있다. 사람들은 대부분 어떤 분야에서든 최소한의 소질은 갖추고 있는 법이다.

부를 쌓는 가장 쉬운 방법은 타고난 재능과 잘 맞는 직종에 진출해 최소한의 노력을 들여 일하는 것이다. 그러나 가장 만족스러운 방식으로 부를 모으려면 자신이 하고 싶은 일을 택하는 편이 낫다.

삶이란 곧 자신이 원하는 일을 하는 것이다. 원치 않는 일을 억지로 하고, 원하는 일은 절대 하지 못한다면 삶에서 진정한 만족감을 느낄 수 없다. 진정으로 하고 싶은 일이라면 해낼 수 있는 법이다. 어떤 일을 하고 싶다는 것은 그 일을 해낼 힘이 내면에 존재한다는 증거다.

소망은 곧 힘의 현현이다. 음악을 연주하고 싶다는 소망은 음악을 연주할 수 있는 내면의 힘이 예술적 표현과 재능 계발을 추구하는 것이다. 기계 장치를 발명하고 싶다는 소망은 내면에 숨겨진 기술적 본능이 기계적 표현과 재능 계발의 통로를 찾는 것이다. 애초에 무언가를 할 힘이 없으면 그 일을 하고 싶다는 소망 자체도 생기지 않는다. 무언가를 하고 싶다는 강한 열망은 그 일을 해낼 강렬한 힘이 존재한다는 증거다. 그 힘을 올바른 방식으로 계발하고 활용하기만 하면 된다.

다른 모든 조건이 동등하다면 자신의 적성에 가장 잘 맞는 분야를 고르는 것이 최선이다. 그러나 어떤 분야에 강한 열망을 품고 있다면 언젠가는 그 분야에 진출할 수 있도록 진로를 택해야 한다.

자신이 원하는 일을 하자. 가장 마음에 잘 맞고 즐길 수 있는 직종을 택하는 것은 당신의 권리이자 특권이다. 자신이 원치 않는 일을 할 의무는 없다. 원하는 일을 하는 데 필요한 디딤돌이 아니라면 자신이 원하지도 않는 일은 하지 말아야 한다.

과거에 저지른 실수 때문에 지금 바람직하지 않은 업계나 환경에 몸담고 있다면, 한동안 원치 않는 일을 해야 할 수도 있다. 하지만 지금 쌓은 경험 덕분에 언젠가 원하는 일을 할 수 있게 될 거라 생각하면 지금 하는 일도 즐길 수 있을 것이다.

당신과 맞지 않는 직종이라는 느낌이 들더라도 서둘러 이직하지는 말자. 직종이나 환경은 대개 자연스러운 성장을 통해 바꾸는 것이 가장 바람직하다.

기회가 찾아오고 깊이 숙고해본 뒤에도 좋은 기회라는 확신이 든다면 두려워 말고 급격한 변화를 택해도 된다. 그러나 현명한 결정인지 잘 알 수 없다면 절대 급진적인 행동을 취하지 말자.

창조적 차원에서 일하는 사람은 절대 조급하게 생각할 필요가 없다. 기회는 무한하기 때문이다.

경쟁적 사고에서 벗어나면 서두를 필요가 없다는 사실을 깨닫게 될 것이다. 내가 하고 싶은 일을 누가 먼저 채가거나 하는 일은 없다. 기회는 모두에게 돌아갈 만큼 충분하다. 남이 어떤 자리를 차지했다면 조금 더 기다려보자. 더 나은 자리가 생길 것이다. 시간은 충분하다. 회의가 든다면 기다리자. 비전을 숙고하고 확신과 목적의식을 다지자. 회의가 들고 망설여진다면 감사의 마음을 되새기자.

하루나 이틀 정도 소망의 이미지를 숙고하고 소망이 이뤄지리라는 데 진심으로 감사하면 궁극적 존재와 가까워져 실제로 행동할 때 실수를 저지르지 않게 된다. 성장을 향한 확신과 목적의식, 깊은 감사의 마음을 지니면 모든 것을 아는 전지적 존재와 하나가 될 수 있다.

조급하게 굴거나, 두려움 혹은 회의감에 휩쓸리거나, 모두에게 더 풍요로운 삶을 선사해야 한다는 올바른 목표를 간과하면 실수를 범하고 만다. 절대 방식을 실천하면 점점 더 많은 기회가 당신을 찾아올 것이다. 확신과 목적의식을 견고하게 유지해야 한다. 감사하는 마음을 통해 전지적 존재와 밀접한 관계를 맺자.

매일 할 수 있는 모든 일을 완벽하게 하되 조급해하거나 걱정하거나 두려워하지 말자. 최대한 빨리 하되 절대 서두르지 말자.

서두르기 시작하는 순간, 창조자가 아니라 경쟁자의 상태로 전락한다는 것을 잊지 말자. 서두르면 경쟁적 차원으로 굴러떨어지게 된다.

지나치게 서두른다는 생각이 들 때마다 잠시 멈추자. 소망의 이미지에 정신을 집중하고 소망이 이뤄지질 것이라는 사실에 감사하자. 감사를 표현하면 언제나 확신을 강화하고 목적의식을 새로이 다질 수 있다.

14장

지속해서 성장하라

당신이 지금 하는 행동은 지금 하는 일과 관련돼 있어야 한다. 나중에 이직을 하더라도 마찬가지다.

지금 하는 일에 건설적인 태도로 임하고 매일의 일을 절대 방식으로 해내면 원하는 직종에 진출할 수 있다. 직간접적으로 사람을 상대하는 직종이라면 상대의 마음에 성장의 에너지를 각인하는 것을 목표로 노력해야 한다.

성장은 모든 사람이 추구하는 목표다. 성장은 무형의 지성이 완전한 구현을 추구하고자 하는 소망이기 때문이다. 성장을 향한 소망은 우주의 근본적 본능이며 자연의 만물에 내재돼 있다. 또한 사람의 모든 활동 성장을 향한 소망에 바탕을 두고 있다. 더 좋은 집과 더 많은 먹을거리, 옷, 아름다움, 호사, 지식, 즐거움을 추구하는 것은 모두 더 성장하고 풍요로워지기를 바라는 소망에서 비롯된 행동이다.

모든 생명은 지속적으로 발전해야 한다. 생명의 성장이 멈추면 즉시 붕괴와 소멸이 시작된다. 사람은 본능적으로 그 사실을 알고 있으며, 그래서 영원히 더 많은 것을 추구한다. 더 많은 부를 얻고 싶다는 소망은 정상적인 것이며 지탄의 대상이 아니다. 더 풍요로운 삶을 향한 소망이자 향상심일 뿐이다. 성장을 지향하는 것은 대자연의 가장 원초적인 본능이기에 사람은 누구나 더 풍요로운 삶을 사는 데 도움이 될 법한 사람에게 이끌리기 마련이다.

앞서 설명한 절대 방식을 따르면 지속적으로 성장할 수 있고 당신이 접하는 모든 이들에게도 성장의 에너지를 전하게 된다. 당신은 만물의 성장을 유도하는 창조의 중심이라는 사실을 확신하고 당신이 만나는 모든 이들에게도 확신을 심어주자. 금액이 작은 거래에도 성장의 에너지를 불어넣고 고객에게 성장의 관념을 각인시키자.

당신이 발전하는 사람이라는 것을 모두가 깨닫고 만나는 모든 사람이 발전하는 데 도움이 되도록 모든 행동에 성장의 에너지를 담아내자. 일이 아니라 친목 때문에 만나는 사람들, 금전적 관계가 없는 사람들에게도 성장의 관념을 전하자.

나 자신과 성장의 방식에 대한 흔들리지 않는 확신을 견지하고 그 확신을 바탕으로 행동하면 성장의 관념을 각인시킬 수 있다. 당신은 발전하는 사람이며 남들도 발전하도록 유도하고 있다는 굳은 확신을 갖고 행동하자. 자신은 현재 부자가 되는 중이며, 그 과정에서 남들도 부자가 되도록 돕고 모두에게 이익을 베풀고 있다는 것을 실감하자.

성공을 자화자찬하거나 화젯거리로 삼지 말자. 진정한 확신이 있는 사람은 자랑하지 않는 법이다. 자기 자랑에 여념이 없는 사람은 내심 회의와 두려움에 시달린다. 자랑하는 대신 직접 확신을 실감하고 모든 거래에 확신이 깃들도록 노력하자. 모든 행동, 어조, 외양을 통해 당신의 확신을 조용히 드러내자. 당신은 이미 부자다. 이런 느낌을 굳이 말로 설명할 필요는 없다. 상대는 당신을 만나자마자 성장의 느낌을 받을 테고 다시 당신에게 이끌릴 것이다.

당신과 함께하면 자신도 성장할거라는 생각을 상대에게 각인시켜야 한다. 상대에게 받는 돈보다 더 큰 가치를 내주자. 이 과정에서 정당한 자긍심을 느끼고 상대도 그 기분을 알아차리도록 하면 고객이 끊임없이 당신을 찾아올 것이다. 사람들은 성장의 에너지를 받을 수 있는 곳으로 가기 마련이다.

만물이 성장하기를 바라는 궁극적 존재는 생면부지인 사람들마저도 당신에게 다가오도록 유도할 것이다. 사업은 빠르게 번창할 것이며 예상을 뛰어넘는 이익에 놀라게 될 것이다. 매일 더 많은 부를 쌓고 더 큰 이익을 얻으며 자신이 원한다면 더 잘 맞는 업종으로 옮겨갈 수도 있을 것이다. 단, 그 과정에서 소망의 비전, 소망을 이루려는 확신, 목적의식을 놓지 말아야 한다.

성장의 동기에 관해 주의할 점을 하나 더 짚고 넘어가야겠다.

남들을 쥐고 흔들 힘을 좇으라고 속삭이는 유혹의 목소리에 주의하자. 아직 인성이 미숙한 사람은 다른 사람 위에 서서 권력을 행사하는 것을 가장 좋아한다. 이처럼 이기적인 지배욕은 세상에 큰 재앙을 불러왔다. 역사 속에 기록된 대부분의 왕, 귀족, 영주는 기나긴 세월 동안 영토 싸움을 벌이며 땅을 피로 적셨다. 모두를 위해 더 풍요로운 삶을 추구하는 게 아니라 자신을 위해 더 많은 권력을 손에 넣으려고 벌인 비극이었다.

재계를 움직이는 주된 동기도 이와 별반 다르지 않다. 달러의 군대를 집합시키고 권력을 차지하기 위해 아귀다툼을 벌이며 수백만 명의 생명과 정신을 낭비해버린다. 재계의 우두머리는 정계의 우두머리와 마찬가지로 더 많은 권력을 지향한다.

권위를 추구하고 윗자리에 앉고 뭇사람 위에 있는 존재처럼 우러러보이고 외양을 사치스럽게 꾸며 남들에게 추앙받고픈 유혹을 경계하자.

다른 사람 위에 서려는 지성은 경쟁적 지성일 뿐, 창조적 지성일 수 없다. 환경과 운명을 초월하기 위해 사람을 지배할 필요는 없다. 사실 더 높은 자리를 향한 세속적 투쟁에 골몰하면 오히려 운명과 환경에 휩쓸리고 부자가 될 가능성은 운과 요행에 좌우되는 결과를 낳는다.

경쟁적 차원에 빠지지 않도록 주의하자. 창조적 행동의 원리를 가장 잘 설명한 새뮤얼 존스Samuel Jones의 황금률을 잘 기억해두면 경쟁을 멀리하는 데 도움이 될 것이다.

"나는 내가 갖고 싶은 것을 모두가 갖게 되길 바란다."

15장

몸과 마음을 다해
행동하라

앞 장에서 말한 내용은 자영업자, 전문직, 직장인 모두에게 적용된다.

의사, 교사, 성직자 등 어떤 일을 하든 간에 일하면서 만나는 사람에게 성장의 에너지를 전하고, 상대도 그 사실을 인지하도록 하자. 성장의 에너지를 느낀 상대는 당신에게 끌릴 테고, 그 결과 당신은 부자가 될 것이다. 어떤 의사가 성공적으로 환자를 치료하는 자신의 모습을 그려보고 확신과 목적의식을 통해 그 이미지를 현실로 바꾸려고 노력한다고 치자. 앞 장에서 설명했듯 이 의사는 생명의 원천과 밀접한 관계를 맺어 놀라운 성공을 이룰 테고 환자들이 구름처럼 몰려들 것이다.

의료인이라면 이 책에 담긴 지침을 실천할 기회가 무척 많을 것이다. 치유의 원리는 하나이기에 어떤 분야의 의학을 전공했는지는 중요치 않다. 성장하는 의사, 즉 성공하는 자신의 이미지를 떠올리고 확신, 목적의식, 감사의 법칙을 따르는 의사는 치료 가능한 모든 환자를 완치시킬 것이다.

종교계도 마찬가지다. 세상은 사람들에게 풍요로운 삶의 진정한 법칙을 가르쳐줄 성직자를 찾아 헤매고 있다. 부자가 되고 건강하게 살고 위대해지고 사랑받는 법칙을 잘 알고 이를 전하는 성직자에게는 신자들이 줄이어 찾아올 것이다. 이런 법칙이야말로 세상에 필요한 복음이다. 사람들은 생명을 성장시키는 성직자의 말을 기꺼이 듣고 우러러볼 것이다.

지금 세상에는 생명의 법칙을 몸소 실천하는 성직자가 필요하다. 단순히 말로 설명하는 데 그치지 않고 스스로 부유해지고 건강하고 위대하고 사랑받는 성직자가 돼 사람들에게 성장할 수 있는 방법을 가르쳐주면 어떨까. 그렇게 되면 수많은 이들이 기꺼이 따를 것이다.

교사도 마찬가지다. 발전하는 삶에 대한 확신과 목적의식을 갖고 학생에게 영감을 불러일으키는 교사는 절대 일자리를 잃지 않을 것이다. 그리고 학생에게도 그 가치를 전할 수 있다. 확신과 목적의식이 교사의 몸에 배어 있으면 굳이 노력하지 않아도 자연스레 학생에게 전달될 것이다.

이 진리는 교사, 목사, 의사뿐 아니라 변호사, 치과의사, 부동산업자, 보험설계사를 비롯한 모든 사람에게도 똑같이 적용된다.

몸과 마음을 다해 행동하면 절대 실패하지 않는다. 인내심을 갖고 이 지침을 꾸준히 정확하게 따르는 사람은 누구나 부자가 된다. 생명의 성장 법칙은 중력의 법칙처럼 정확하다.

직장인에게도 앞서 언급한 다른 사람들과 같은 법칙이 적용된다. 발전할 기회가 보이지 않는 곳이나 월급은 적고 생활비는 많이 드는 곳에서 일하고 있으니 부자가 되긴 글렀다고 생각지 말자. 자신이 원하는 소망의 뚜렷한 비전을 형성하고 확신과 목적의식을 품고서 행동을 개시하자.

매일 할 수 있는 일을 모두 해내고, 일 하나하나를 성공적으로 해내자. 당신이 하는 모든 일에 성공의 에너지와 부자가 되겠다는 의지를 담아내자.

만약 현재의 자기 자리에 만족한다면 상사에게 잘 보여서 승진을 하게 될 거라 기대하지는 말자. 그럴 가능성은 낮다. 최선을 다해 자기 몫을 하고 그에 만족하는 사람은 '좋은 일꾼'에 불과하다. 고용주의 입장에서는 그런 사람을 굳이 승진시킬 필요가 없다. 그 자리에 두는 편이 낫기 때문이다.

성장하려면 지금 자리를 넘치게 채우는 것 이상의 무언가가 필요하다. 지금 자신보다 그릇이 큰 사람이 되겠다는 식의 뚜렷한 이미지를 갖고 있으며, 자신이 그 이미지를 실현할 수 있다는 사실을 알고, 그렇게 되겠다고 굳게 결심해야 한다. 그렇게 하면 반드시 성장하게 된다.

상사를 만족시키겠다는 생각보다 나를 더 발전시킨다는 생각으로 일하자. 출근하기 전, 근무시간 도중, 퇴근시간 이후를 막론하고 항상 성장에 대한 확신과 목적의식을 유지하자. 상사, 동료, 지인 등 나와 만나는 모든 사람이 내가 발산하는 목적의식과 성장의 힘을 느낄 수 있도록 하자. 사람들은 당신에게 끌릴 테고, 현 직장에서 성장할 가능성이 없다면 곧 이직할 기회가 눈에 들어올 것이다.

전능한 존재는 부자의 자기 확신을 충실히 따르는 발전적인 사람에게는 언제나 기회를 선사한다.

당신이 절대 방식으로 행동하면 신이 반드시 당신을 돕는다. 신의 소망은 인간을 통해 구현되기 때문이다.

업계의 상황 때문에 낙심할 필요는 없다. 철강공장에서 일하면서 부자가 될 수 없다 해도, 그 대신 10에이커 넓이의 농장을 경영하면서 부를 쌓을 수 있다. 절대 방식으로 행동하기 시작하면 분명 철강공장에서 벗어나 농장 또는 어딘가 당신이 가고 싶은 곳으로 옮겨갈 수 있을 것이다. 철강공장의 직원 수천 명이 절대 방식으로 일하기 시작하면 공장 입장에서는 근로자에게 더 많은 혜택을 주지 않으면 일할 사람을 구할 수 없게 될 것이다. 반드시 철강공장에서 일해야만 하는 사람은 없다. 사람들이 부자가 되는 자기확신을 알고 나태한 태도를 버리고 자기 확신을 실천하기 시작하면 철강공장은 더 이상 사람들을 지금처럼 비참한 상황에 옭아맬 수 없다.

절대 방식으로 생각하고 행동하자. 확신과 목적의식 덕분에 상황을 호전시킬 기회를 빨리 포착하게 될 것이다. 당신을 돕는 만물에 내재된 궁극적 존재가 당신 앞에 기회를 가져다줄 것이다.

스스로 될 수 있는 최선의 사람이 될 기회를 기다리지 말자. 지금보다 나은 사람이 될 수 있는 기회가 찾아오고 자신이 반드시 성장해야 한다는 느낌이 든다면 기회를 잡자. 그 기회는 더 큰 기회를 잡을 디딤돌이 될 것이다.

우주에는 기회가 부족하다는 말이 존재하지 않는다. 발전하는 사람에게는 언제나 기회가 넘쳐나는 법이다. 만물은 우주의 섭리에 내재된 대로 발전하는 사람을 위해 협조한다. 절대 방식으로 생각하고 행동하면 반드시 부자가 된다. 지금 직장에 다니는 독자

라면 이 책을 주의 깊게 읽고 이 책에서 권하는 행동 방침을 자신
있게 실천해보길 바란다. 절대 실패하지 않을 것이다.

16장

결국,
당신은 변할 것이다

누구나 부자로 만들어주는 절대 방식이 있다고 하면 코웃음 치는 사람이 많을 것이다. 이들은 부의 공급은 제한적이라는 고정관념에 갇혀서 사람들이 능력을 쌓기보다 먼저 사회와 정부의 시스템이 바뀌어야 한다고 주장한다.

그러나 사실은 그렇지 않다. 각국의 대중이 빈곤 속에 머물고 있는 원인은 사람들이 절대 방식대로 생각하고 행동하지 않기 때문이다.

사람들이 이 책의 지침대로 살아가기 시작하면 정부나 산업 시스템이 발목을 잡을 수는 없다. 오히려 모든 시스템이 발전의 흐름에 맞춰 변화하게 될 것이다. 사람들이 발전적 정신, 부자가 될 수 있다는 확신, 부자가 되겠다는 확고한 의지를 갖고 나아간 다면 무엇도 그들을 빈곤에 묶어둘 수 없다.

언제, 어떤 정부 아래에서든 절대 방식대로 행동하면 부자가 될 수 있다. 충분한 수의 사람들이 성공하면 제도 자체가 바뀌면서 남들을 위한 길 또한 열릴 것이다.

경쟁적 차원에서는 부자가 되는 사람이 많아질수록 다른 사람의 상황은 나빠진다. 그러나 창조적 차원에서는 더 많은 사람이 부자가 될수록 다른 사람의 상황도 좋아진다.

대중이 가난을 벗어날 유일한 방법은 수많은 사람이 이 책에 담긴 절대 방식을 따르고 부자가 되는 것이다. 그렇게 하면 주변 사람들도 영감을 받아 확신과 목적의식을 품고서 그 길을 따라 부자가 되려고 마음먹을 것이다.

어쨌든 일단은 지금의 정치적 상황이나 재계의 경쟁적 시스템 중 그 어느 것도 당신이 부자가 되는 데 걸림돌이 될 수 없다는 사실을 아는 것으로 충분하다. 당신의 사고가 창조적 차원에 들어서면 이런 외적 요소는 모두 초월하게 될 것이다.

단, 자신의 생각이 창조적 차원에 계속 머물러야 한다는 것을 잊지 말자. 한순간이라도 확신을 저버리고 부의 공급이 부족하다는 생각을 품거나 경쟁적 차원으로 전락하면 안 된다.

예전의 잘못된 생각에 다시 빠질 때마다 곧바로 잘못을 고치자. 생각을 바르게 가다듬자. 경쟁적 사고를 할 때에는 전능한 존재의 협조를 얻을 수 없다.

지금 행동에 영향을 미칠 수 있는 꼭 필요한 계획 외에 미래에 일어날지도 모르는 비상 상황에 대처할 계획을 짜느라 시간을 낭비하지 말자. 내일 일어날지 말지도 모르는 상황을 해결하기보다 오늘 할 일을 완벽하게 성공적으로 해내는 것이 더 중요하다. 미래의 문제는 문제가 일어났을 때 대처하면 된다.

장애물을 피하기 위해 오늘 당장 진로를 바꿔야 하는 게 아니라면 사업의 지평선 멀리 나타날지도 모르는 장애물을 극복할 방법을 고민하면서 스스로를 괴롭히지 말자. 멀리서는 장애물이 거대하게 보일 수 있지만 절대 방식으로 나아가다 보면 장애물은 점점 사라질 것이다. 장애물을 우회하거나 뚫고 나아갈 길이 보일 수도 있다.

일어날지 말지 모르는 재난, 장애물, 공황, 암울한 상황을 상상하며 걱정에 시달리지 말자. 문제가 일어난 뒤에도 해결하기에 충분한 시간이 있을 것이다. 모든 문제에는 극복할 대책이 있는 법이다. 부자가 되기 위해 절대 방식을 따라 나아가는 사람을 좌

절시킬 만한 상황은 존재하지 않는다. 절대 방식을 따르는 사람은 2에 2를 곱했을 때 항상 4가 나오듯 반드시 부자가 된다.

말을 조심하자. 나 자신, 내 일, 그 어떤 것을 두고도 낙심한 투로 말하지 말자. 실패의 가능성을 인정하거나 실패의 가능성을 암시하는 투로 말하는 것도 바람직하지 않다.

현재 상황이 좋지 않다거나 회의적 상황에 처했다고 말하지 말자. 경쟁적 차원에 머물러 있는 사람에게는 현재 상황이 어렵고 회의적일 수 있지만 당신에게는 그렇지 않다. 당신은 원하는 상황을 만들어낼 수 있고 이미 두려움을 초월했기 때문이다. 남들이 어려운 시절을 겪고 사업이 잘 풀리지 않을 때, 당신은 오히려 최고의 기회를 찾아낼 것이다.

세상은 생명이 진화하고 자라나는 곳이며 겉보기에 악한 사람은 사실 미숙한 사람이라 생각하도록 스스로를 훈련하자. 언제나 발전적 태도로 말하자. 그렇게 하지 않으면 확신을 잃어버리게 된다.

절대 실망하지 말자. 어떤 시점에 원하는 것을 얻게 되리라 기대했는데 얻지 못할 경우 실패한 것처럼 느껴질 수 있다. 그러나 확신을 견지하고 있다면 실패는 허상에 불과하다. 계속 절대 방식으로 나아가자. 원하던 것을 얻지 못했다면 그보다 나은 것을 받게 될 것이다. 그리고 실패가 엄청난 성공의 디딤돌이었다는 사실을 깨닫게 될 것이다.

절대 방식을 실천하던 어떤 사람이 전망이 좋아 보이는 사업을 시작하기로 결심하고 몇 주간 열심히 일했다. 그러나 중대한 시점이 왔을 때 도저히 납득할 수 없는 방식으로 일이 실패로 끝나고 말았다. 마치 눈에 보이지 않는 어떤 존재가 남몰래 훼방을 놓고 있는 것 같았다.

그는 실망하지 않았다. 그 대신 자신의 소망이 이뤄지지 않은 데 대해 신께 감사하는 마음을 품고서 착실하게 나아갔다. 몇 주 뒤, 훨씬 나은 기회가 찾아왔다. 첫 번째 계약과는 비교할 수도 없을 만큼 좋은 기회였다. 그는 자신보다 더 많이 아는 전지적 존재가 작은 이득을 얻고 큰 이득을 잃는 일이 없도록 돌보아줬다는 것을 깨닫게 됐다.

실패처럼 보이는 일도 전화위복이 될 수 있다. 당신이 확신을 지니고 목적의식을 놓치지 않으며 감사하고 매일 그날 해낼 수 있는 일을 모두 해내고 일 하나하나를 성공적인 방식으로 해낸다면 당신의 앞길 또한 그와 마찬가지로 성공적일 것이다.

실패는 충분히 질문하지 않았을 때 찾아온다. 계속 나아가자. 당신이 소망했던 것보다 더 큰 은혜가 당신을 찾아올 것이다. 그 사실을 기억하자.

자신이 원하는 일을 하는 데 필요한 재능이 없어서 실패하지는 않는다. 이 책의 지침을 실천하며 나아가면 당신이 원하는 일을 해내는 데 필요한 모든 재능을 닦게 될 것이다. 재능을 닦는 법은 이 책의 범주를 벗어나지만 그 또한 부자가 되는 법과 마찬가지로 분명하고 단순하다.

어떤 수준에 이르렀을 때 능력이 부족해 실패할까 봐 망설이거나 주저하지 말자. 계속 나아가면 그 능력을 갖추게 될 것이다. 충분한 교육을 받지 못했던 링컨이 가장 뛰어난 업적을 이루는 데 바탕이 됐던 능력의 근원은 당신에게도 열려 있다. 그 근원으로부터 당신의 책임을 다하는 데 필요한 지혜를 모두 얻자. 굳은 확신을 갖고 계속 나아가자.

이 책을 면밀히 읽자. 이 책에 담긴 지침을 모두 익힐 때까지 지속적인 동반자로 삼자. 굳은 확신이 생길 때까지 휴양과 오락은 접어두길 권한다. 책에 담긴 생각과 상충하는 강의나 설교를 펼치는 곳과는 거리를 두자. 비관적이고 반대되는 주제의 글을 읽거나 입씨름을 벌이지 말자.

그리고 남는 시간이 있다면 소망의 뚜렷한 이미지를 숙고하고 감사하는 마음을 일구며 이 책을 읽는 데 활용하자. 이 책에는 부자가 되는 법칙에 관해 알아야 할 모든 것이 담겨 있다. 그 핵심을 다음 장에 요약해뒀다.

17장

정리:
부자의 자기확신

만물의 원천인 생각하는 본질이 존재한다. 이 본질은 우주의 모든 공간을 충만하게 채우고 어디에나 스며 있다.

태초의 본질이 어떤 생각을 떠올리면 그 생각에 상응하는 형체가 창조된다.

사람은 형체를 생각해낼 수 있다. 그 생각을 무형의 본질에 각인시키면 생각하는 것이 창조되도록 유도할 수 있다.

그러려면 경쟁적 사고에서 창조적 사고로 나아가야 한다. 그렇지 않으면 창조 지향적이며 경쟁적이지 않은 존재인 무형의 본질과 조화를 이룰 수 없다. 자신이 받은 축복에 진정으로 감사를 표현하면 무형의 본질과 완전한 조화를 이루게 된다. 감사하면 사람의 정신과 본질의 지성이 하나가 되면서 사람의 생각이 무형의 본질에 전달된다. 사람이 창조적 차원에 계속 머물 유일한 방법은 깊고 지속적인 감사를 통해 무형의 본질과 하나가 되는 것이다.

갖고 싶은 것, 하고 싶은 일, 되고 싶은 사람에 대한 명확하고 분명한 이미지를 그리자. 그리고 자신의 모든 소망을 이루는 데 대해 궁극적 존재에게 깊이 감사하는 동시에 생각 속에서 이미지를 견지하자.

부자가 되고 싶다면 시간이 날 때마다 소망의 뚜렷한 이미지를 숙고하고 이미지를 현실로 이뤄주는 전지적 존재에게 진지하게 감사하자. 확고한 확신과 감사하는 마음을 지니고 이미지를 자주 숙고하는 행위의 중요성은 아무리 강조해도 지나치지 않다. 이 과정이 무형의 본질에 이미지를 각인시키고 창조적 힘이 활동을 개시하도록 유도한다.

창조의 에너지는 성장하는 자연 및 사회와 산업 제도에 세워진 경로를 따라 흐른다. 당신이 굳은 확신을 갖고 이 책의 지침을 따른다면 당신이 그린 모든 이미지는 현실로 구현될 것이다. 소망하는 모든 것은 기존의 상업적 거래의 경로를 타고 당신에게 다가올 것이다.

당신이 원하는 것이 다가올 때 잘 얻으려면 그에 부응하는 행동을 해야 한다. 지금의 자리에서 제 몫 이상을 해내면 된다. 이미지를 현실로 구현하고 부자가 되려면 항상 목적의식을 염두에 둬야 한다.

매일 그날 할 수 있는 일을 모두 하되 어떤 일이든 성공적인 방식으로 해내자. 거래를 할 때에는 항상 상대의 삶이 더 풍요로워지도록 당신이 받는 돈 이상의 가치를 내줘야 한다. 당신이 접하는 모든 이에게 성장의 관념이 각인되도록 발전적인 사고를 견지하자.

부자의 자기확신을 실천하는 이들은 반드시 부자가 된다. 비전이 확고하고 목적의식이 영속적이며 확신이 한결같고 감사하는 마음이 깊을수록 더 많은 부가 다가올 것이다.

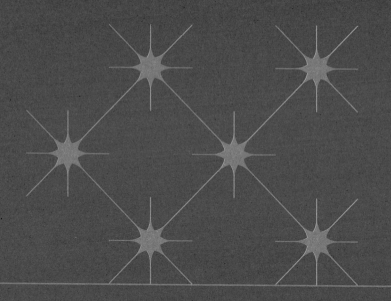

2부

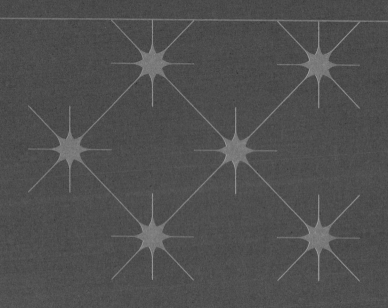

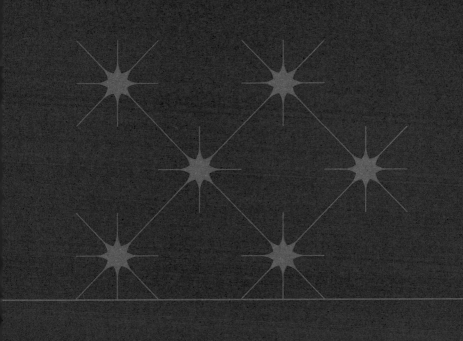

건강의 자기확신

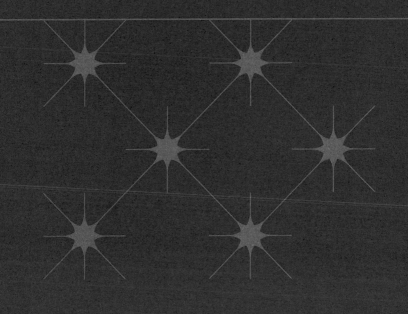

머리말: 건강을 위한 실용적인 지침서

『건강의 자기확신』은 『부자의 자기확신』에 이은 3부작의 두 번째 책이다. 『부자의 자기확신』은 부자가 되려는 독자를 위해, 『건강의 자기확신』은 철학 논문이 아니라 실용적 지침서를 바탕으로 건강을 추구하는 독자를 위해 쓴 것이다. 이 책은 생명의 섭리를 활용해 건강해지는 법을 담고 있다. 신사상이나 형이상학을 전혀 접하지 않은 독자도 손쉽게 실천해 완벽한 건강을 누릴 수 있도록 단순하고 평이하게 썼다. 필수적인 내용을 꼼꼼하게 담되 군더더기는 모두 걷어냈다. 전문 용어나 난해한 단어도 피하고 오로지 주제에 집중했다.

제목에서 알 수 있듯이 이 책은 모호한 추측이 아니라 자기확신을 담고 있다. 오늘날 대부분의 사상가는 물질, 정신, 의식, 생명은 모두 하나의 본질이 다양하게 현현된 것으로 생각하는 우주일원론을 받아들이고 있다. 당신도 우주일원론을 이해한다면 책에 담긴 논리적 결론에 고개를 끄덕이게 될 것이다.

지난 12년간 나를 비롯한 수백 명의 사람들이 이 책에서 소개하는 법칙을 몸소 시험해본 바 모두 성공적이었다. 장담컨대 『건강의 자기확신』은 효과적이다. 기하학의 공식이 언제나 같은 답을 내듯이 건강의 자기확신 또한 충실히 따르면 언제나 원하는 결과를 얻을 수 있다. 몸의 세포가 지속적으로 생장할 수 없는 수준으로 손상된 상태가 아니라면 당신은 건강해질 수 있다. 절대 방식에 따라 생각하고 행동하면 틀림없이 건강해진다.

당신이 우주일원론을 완전히 이해하고 싶다면 헤겔과 에머슨의 책을 읽으면 된다. J. J. 브라운J. J. Brown의 「영원의 소식」을 읽어도 좋겠다. 「진실이란 무엇인가」라는 제목으로 『노틸러스』(1909)에 실린 내 글을 읽어봐도 도움이 될 것이다.

먹기, 마시기, 숨쉬기, 자기 등 의식적 활동을 어떻게 해야 할지 자세한 정보를 얻고 싶은 독자는 내가 펴낸 소책자 「삶과 치유의 신과학」, 「남편에게 보내는 어느 여성의 편지」, 「음식의 건설적 활용」을 읽어보길 바란다. 섭식법을 실천해 건강을 되찾은 대부호 호레이스 플레처Horace Fletcher와 단식법을 주장한 의사 에드워드 후커 듀이Edward Hooker Dewey의 책도 추천한다.

단, 상충되는 온갖 이론을 섭렵하고 여러 이론을 이것저것 조금씩 시도해보는 실수는 저지르지 말자. 건강해지려면 올바른 이론 하나를 택해서 전심전력을 다해 실천해야 한다.『건강의 자기확신』에는 완벽하고 충분한 지침이 담겨 있다. 지침대로 생각하고 행동하며 사소한 부분까지 잘 따른다면 당신은 분명 건강을 얻고 또 유지할 수 있게 될 것이다. 완벽한 건강이라는 귀중한 축복을 얻을 때까지 당신이 계속 나아가리라 믿으며.

1장

건강이란
자연스러운 상태다

1부에서 소개한 부자의 자기확신과 마찬가지로 건강의 자기확신 또한 근본적 섭리를 이해하고 확신을 지녀야 제대로 실천할 수 있다. 그중 몇 가지를 소개한다.

건강이란 몸의 활동이 자연스럽게 이뤄지는 상태를 말한다. 몸의 활동이 자연스럽게 이뤄지는 것은 생명의 섭리가 자연스럽게 활동하기 때문이다. 우주에는 생명의 섭리, 즉 만물의 원천인 살아 있는 유일한 본질이 존재한다. 이 본질이 우주의 만물과 공간을 채우고 있다. 모든 생명은 본질에서 비롯되며, 본질의 생명은 곧 세상에 존재하는 모든 생명이다.

사람은 우주적 본질의 한 형체로서, 내면에 건강의 섭리를 품고 있다. 섭리란 곧 원천이라는 뜻으로 쓰인다. 사람 안에 내재된 건강의 섭리가 건설적으로 활용될 때 몸의 모든 의식적 활동이 완벽하게 이뤄진다.

또한 건강의 섭리는 모든 근본적 치유 작용을 한다. 건강의 섭리가 건설적으로 작용하도록 하려면 절대 방식으로 생각해야만 한다.

건강의 섭리와 관련된 옛이야기가 하나 있다. 중세 시대의 한 수도원에 치유의 기적을 일으키는 성인의 뼈가 보관돼 있었다. 건강을 잃고 괴로워하는 병자들이 뼈를 만지기 위해 수도원으로 구름처럼 모여들었고 병자들은 모두 치유됐다. 그러던 어느 날 밤, 도둑이 기적의 뼈를 훔쳐갔다. 다음 날 아침 평소처럼 병자들이 수도원의 대문 밖에서 기다리고 있었지만 수도사들은 성인의 뼈가 온데간데없이 사라진 것을 발견했다.

수도사들은 성물을 도둑맞았다는 사실을 일단 비밀에 부치기로 했다. 그들은 도둑을 잡아 성인의 뼈를 되찾을 수 있을 거라 기대했지만 도둑도 뼈도 되찾을 수 없었다. 궁여지책으로 그들은 서둘러 수도원 지하로 내려가 수년간 묻혀 있었던 어느 살인자의 뼈를 파냈다. 일단 뼈를 보관함에 넣어두고 병자들이 뼈를 만지고 서 기적이 일어나지 않았을 경우에 그럴듯한 이유를 댈 생각이었 다. 수도원의 대문이 열리자 밖에서 기다리던 병자들이 밀려들어 와 수도원의 성물인 뼈를 만졌다. 그런데 뼈를 도둑 맞았다는 비 밀을 감추고 있던 수도사들은 살인자의 뼈가 성자의 뼈와 똑같이 치유의 기적을 일으키는 것을 보고 깜짝 놀랐다. 이후 수도사 중 하나가 그 사건에 관한 기록을 남겼다. 그는 치유의 힘은 성인의 뼈가 아니라 환자들 안에 있었던 것 같다고 고백했다.

성자의 뼈 이야기가 실화든 거짓이든 간에 치유의 힘이 환자 자신에게 있다는 것은 진리다. 물리적·정신적 치료법 자체보다 환자가 치료법을 어떻게 생각하느냐에 따라 치유의 근본적 힘이 발휘된다. 우주에는 보편적인 생명의 섭리, 즉 위대한 영적 치유 의 힘이 존재한다. 그리고 모든 사람 안에는 치유의 힘과 연결된 건강의 섭리가 존재한다. 이 힘은 사람의 생각에 따라 잠들어 있 기도 하고 활동을 개시하기도 한다. 절대 방식으로 생각하면 치유 의 힘은 더 빨리 깨어나 활동하기 시작한다. 즉 건강해지는 것은 절대 방식으로 생각하고 행동하느냐의 여부에 달려 있다.

사람의 생각은 확신을 따라간다. 확신을 바탕으로 생각하고, 확신을 실천에 옮기는지 여부에 따라 결과는 달라진다. 굳은 확신 이 있더라도 스스로 실천하지 않으면 건강해질 수 없다. 어떤 약에 확신이 있고, 실제로 약을 복용한다면 건강해질 것이다. 어떤 식이요법에 확신이 있고, 요법을 실천한다면 건강해질 것이다. 기도에 확신이 있고, 실제로 기도한다면 건강해질 것이다.

확신을 바탕으로 행동을 실천하면 건강이 찾아온다. 굳은 확신을 갖고 있고 계속 생각할지라도 직접 실천하지 않으면 건강해질 수 없다. 건강해지려면 절대 방식으로 생각하는 것만으로는 부족하다. 생각을 직접 실천으로 옮겨 그 생각에 형체를 부여해야만 한다.

2장

당신은
건강해질 수 있다

질환을 낫게 해주는 절대 방식으로 생각하기 전, 우선 아래의 진리를 확신해야 한다.

만물의 원천인 생각하는 본질이 존재한다. 이 본질은 우주의 모든 공간을 충만하게 채우고 어디에나 스며 있다. 눈에 보이는 모든 것이 본질에서 비롯됐으며, 본질은 스스로 창조한 모든 형체 안에 깃들어 있다. 본질의 생명과 지성은 만물에 들어 있다.

본질은 생각을 통해 창조되며 생각하는 것의 형체를 띤다.

본질이 어떤 형체에 대해 생각하면 본질은 그 형체를 갖게 되고 흐름을 생각하면 그 흐름을 만들어낸다. 본질이 어떤 형체를 만들어내고 싶으면 본질은 그 형체를 만들어낼 흐름을 생각한다. 세상을 만들어내고 싶으면 시대가 흐르면서 계속 확장돼갈 흐름을 떠올리고 이 흐름이 결과적으로 세상의 형체를 만들어낸다. 예컨대 떡갈나무를 창조하고 싶다면 본질은 시간의 흐름 속에서 떡갈나무의 형태로 귀결될 일련의 흐름을 생각한다. 그리고 그 흐름이 현실에서 구현된다. 이처럼 다양한 형체를 만들어내는 일련의 흐름은 태초에 시작됐으며 불변한다. 본질에서 비롯된 흐름은 언제까지나 계속 그 형체를 만들어낸다.

사람의 몸 또한 태초의 본질에서 비롯됐다. 본질이 떠올린 생각이 흐름을 만들어냈고 그 흐름이 이어져 형체를 갖추게 된 것이다. 사람의 몸을 만들어내고 재생시키며 치유하는 이 흐름을 활동이라고 한다.

활동은 의식적 활동과 무의식적 활동의 두 부류로 나뉜다. 무의식적 활동은 건강의 섭리가 제어하는 영역으로서 절대 방식으로 생각하는 한 완벽히 건강하게 이뤄진다. 건강의 섭리는 무의식에 영향을 미치는 의식적 사고에 의해 좌우되는 활동이기 때문이다.

한편 먹기, 마시기, 숨쉬기, 자기 등의 의식적 활동은 전체적으로든 부분적으로든 사람의 의식이 제어하는 영역이다. 그러므로 자신의 의지에 따라 완벽히 건강하게 수행할 수 있다. 의식적 활동을 건강한 방식으로 수행하지 않으면 건강을 오랫동안 유지할 수 없다. 절대 방식으로 생각하고 그에 부합하는 방식으로 먹고, 마시고, 숨 쉬고, 잔다면 누구나 건강해진다.

사람은 고유한 생각을 할 수 있는 주체다. 그러나 사람은 모든 것을 알지 못하기 때문에 실수를 저지르거나 잘못된 생각을 하고 진실이 아닌 것도 진실로 믿는다. 아프고 비정상적인 활동과 상태에 관해 생각하다가 건강의 섭리를 왜곡해 몸이 병을 얻거나 비정상적인 상태에 빠지도록 유도하는 활동을 하기도 한다.

인류는 오랜 기간 동안 질병, 비정상, 노화, 죽음에 대해 생각해왔다. 이런 생각들이 쌓이면서 왜곡된 인체의 활동을 확고한 유산처럼 받아들이고 있다. 우리의 조상은 오랫동안 인체의 형태와 기능은 불완전하다는 생각을 품어왔고, 우리 또한 인간의 불완전성과 질환에 얽힌 무의식적 집단의식을 바탕으로 삶을 시작한다.

그러나 이런 생각은 자연스럽지도 않고 자연의 계획을 거스르는 것이다. 자연은 완전한 생명을 지향한다. 태초의 본질은 완벽한 활동, 완벽하고 건강한 작용, 완전한 삶에 대한 생각만을 품고 있다. 신은 결코 질병이나 불완전성을 생각하지 않는다. 생명의 특성이 그 사실을 잘 보여준다.

생명은 본능적으로 더 완전한 삶을 향해 계속 발전한다. 발전은 '산다'는 행위의 필연적 결과물이다. 활동적 삶을 살면 자연스럽게 성장한다. 무릇 모든 생명체는 더 살고자 한다. 창고에 넣어둔 씨앗은 생명을 품고 있지만 살아간다고 할 수 없다. 그러나 씨앗을 땅에 심으면 활동을 개시해 주변의 본질로부터 에너지를 흡수하고 식물의 형태를 띠기 시작한다. 그리고 처음 땅에 심었던 씨앗과 똑같이 생명을 품은 씨앗이 서른 개나 달린 이삭으로 성장한다.

생명은 살아가는 과정을 통해 확장된다. 생명은 확장하지 않으면 살 수 없고, 생명의 근본적 본능은 살아가는 것이다. 태초의 본질은 이 같은 근본적 본능에 부응해 활동하고 창조한다.

우주는 발전하고 있는 거대한 생명체이며, 대자연의 목적의식은 생명이 더 완전해지고 더 완벽하게 활동하는 것이다. 즉 대자연은 완벽한 건강을 지향한다.

대자연은 사람이 더 풍부하고 완전한 삶을 향해 지속적으로 나아가야 하며 현재의 활동 영역이 허락하는 가장 완전한 삶을 살아야 한다는 목적의식을 갖고 있다. 사람 속에 깃들어 있는 우주적 존재가 더 큰 생명을 추구하기 때문이다.

어린아이에게 연필과 종이를 주고 사람을 그리게 하면 삐뚤빼뚤한 모습의 사람을 그린다. 아이 안의 존재가 그림으로 자신을 표현하는 것이다. 어린아이에게 블록을 주면 무언가를 지으려고 한다. 아이 안의 존재가 건축을 통해 자신을 표현하는 것이다. 어린아이를 피아노 앞에 앉히면 건반을 누른다. 아이 안의 존재가 음악으로 자신을 표현하는 것이다.

사람 안에 깃든 존재는 언제나 더 풍부하게 살고자 한다. 그리고 사람은 건강할 때 가장 풍부하게 살기에, 사람 안에 깃든 자연의 섭리는 건강을 추구한다. 사람의 자연스러운 상태는 완전한 건강의 상태다. 자연 또한 건강을 지향한다.

태초의 본질이 품은 생각 안에는 질환의 개념이 설 자리가 없다. 태초의 본질은 가장 완전하고 완벽한 생명, 즉 건강한 상태를 향해 지속적으로 나아가려는 본능을 갖고 있기 때문이다.

무형의 본질이 품은 생각 안에 존재하는 사람은 완벽하게 건강한 상태. 질병은 비정상적이고 왜곡된 몸의 활동이며 불완전하고 결점이 있는 몸을 향한 흐름이기에 본질의 생각 속에는 애초에 존재하지 않는다.

신은 질환에 대해 생각하지 않는다. 질환은 신이 만들어내거나 인간에게 내려준 것이 아니다. 질환은 신과 완전히 다른 의식, 즉 각각의 사람이 지닌 생각의 산물이다. 무형의 본질, 즉 신은 질환을 보지도, 생각하지도, 알지도, 지각하지도 않는다. 질병은 사람만이 인지하는 것이다. 신은 건강만을 생각한다. 인류를 창조한 태초의 본질 안에서는 건강이 곧 진리이며, 질환은 과거부터 현재까지 이어지는 인류의 불완전한 생각에 기인한 불완전한 인체 활동의 산물에 불과하다.

태초의 본질이 떠올린 사람은 완벽하게 건강한 상태다. 인간이 완벽하게 건강하지 않은 것은 완벽한 건강이라는 관념을 견지하지 못하고 삶의 의식적 활동을 건강하게 수행하지 않은 인간의 탓이다. 건강의 섭리를 정리해보면 다음과 같다.

- 만물의 근원인 생각하는 본질이 존재한다. 본질은 본디 우주의 모든 형체와 공간을 충만하게 채우고 있다. 본질은 곧 만물의 생명이다.
- 본질이 형체를 생각하면 그 형체가 생겨난다. 흐름을 생각하면 흐름이 생겨난다. 본질이 생각하는 인체는 언제나 완벽하게 활동하고 완벽하게 건강하다.
- 사람은 고유의 생각을 품을 수 있는 주체다. 사람의 생각은 자신의 활동에 영향을 미친다. 불완전한 생각을 품으면 불완전하고 왜곡된 활동을 하게 된다. 삶의 의식적 활동을 왜곡된 방식으로 수행하면 스스로 몸에 병을 일으키는 것과 다름없다.
- 완벽한 건강만을 생각하면 몸 내부로부터 완벽한 건강 상태

를 유도해낼 수 있다. 모든 생명의 힘이 당신을 돕기 위해 흘러들 것이다. 그러나 이런 작용은 외부적 또는 의식적 활동을 건강하게 수행하지 않으면 지속될 수 없다.

따라서 사람은 첫째, 완벽한 건강을 생각하는 법을 배우고 둘째, 완벽히 건강한 방식으로 먹고, 마시고, 숨 쉬고, 자는 방법을 익혀야 한다. 두 가지 법칙을 배우면 당신은 분명 건강을 손에 넣고 또 유지하게 될 것이다.

3장

건강에 대해
올바르게 생각하라

사람의 몸은 마모된 부위를 재생시키고, 노폐물과 해로운 물질을 제거하며, 신체 어딘가를 다쳤을 때 회복시키는 에너지가 머무는 곳이다. 이 에너지를 생명이라 부른다. 생명은 몸 안에서 생겨나거나 생산되지 않는다. 오히려 그 반대다. 생명이 몸을 만들어낸다.

창고에서 몇 년간 잠자던 씨앗을 땅에 심으면 싹이 트고 식물이 자란다. 하지만 식물 안의 생명은 성장을 통해 생겨나지 않는다. 생명의 힘으로 식물이 자란다. 또한 활동이 생명을 만들어 내는 것이 아니다. 생명이 활동을 시작하도록 유도한다. 생명이 먼저 존재하며, 활동은 그 다음이다.

생명은 유기체와 무기체를 구분하는 기준이다. 생명은 태초의 본질에 내재돼 있으며 생물의 구성을 유도하는 에너지로서 유기체를 만들어낸다. 모든 생명은 곧 유일한 본질이다.

생명의 섭리는 모든 생명체에 적용된다. 사람의 입장에서 보면 생명의 섭리란 곧 건강의 섭리와 같은 뜻이다. 건강의 섭리는 사람이 절대 방식으로 생각할 때마다 활성화된다. 누구든 절대 방식으로 생각하고 그에 부합하는 방식으로 활동하면 틀림없이 완벽한 건강을 손에 넣을 수 있다. 단, 절대 방식대로 행동해야 한다. 아픈 사람처럼 먹고, 마시고, 숨 쉬고, 잔다면 건강을 기대할 수 없다.

보편적인 생명의 섭리, 즉 사람이 따라야 하는 건강의 섭리는 태초의 본질과 결을 같이한다. 모든 생명이 비롯되는 태초의 본질이 존재한다. 본질은 형체를 생각하거나 형체를 만들어내는 흐름을 생각함으로써 모든 생명체를 스스로 만들어낸다.

태초의 본질은 건강만을 생각한다. 모든 진리를 알고 있기 때문이다. 무형의 본질은 진리를 알고 있다. 본질은 모든 진리를 알 뿐만 아니라 모든 힘도 지니고 있다. 그 생명력이 곧 현존하는 모든 에너지의 근원이다.

전지전능한 생명은 절대 오류를 저지르거나 기능을 다하지 못하는 법이 없다. 전지적 본질은 너무나 많은 것을 알고 있어 오류를 빚지 않을 뿐만 아니라 질환이나 질병을 생각하지 않는다.

사람은 이 같은 태초의 본질의 한 형체로서, 본질과 분리된 자신의 의식을 가지고 있다. 그러나 사람의 의식은 유한하기에 불완전하다. 한정적인 지식으로 인해 잘못 생각하고 오류를 저지른다. 잘못된 생각을 품으면 몸은 그에 부응해 왜곡되고 불완전하게 활동한다. 불완전한 생각을 한다고 곧장 질환이 생기지는 않지만, 인체가 습관적으로 불완전하다고 생각한다면 그런 결과는 불가피하다. 사람이 지속적으로 품는 모든 생각이 자신의 몸에서 발현된다.

또한 사람은 의식적 활동을 건강하게 수행하는 법을 배우지 못했다. 언제, 무엇을, 어떻게 먹어야 할지 모른다. 숨 쉬는 법에 대해서는 아는 것이 거의 없고, 자는 법에 대해서는 그보다 더 모른다. 모든 활동을 잘못된 방식으로 잘못된 조건 아래에서 수행하고 있을 뿐이다. 심지어 본능이 아니라 논리대로 살려 애쓰고 사는 것을 자연의 문제가 아닌 기술의 문제로 뒤바꿨다.

올바르게 나아갈 때 비로소 문제를 해결할 수 있다. 분명 누구나 해낼 수 있는 일이다. 이 책에는 독자가 충분한 지식을 쌓아서 잘못된 길로 나아가지 않도록 모든 진리를 남김없이 담았다.

질병에 대해 생각하면 질병의 형체가 생겨난다. 사람은 누구나 건강을 생각하는 방법을 배워야 한다. 태초의 본질은 스스로 떠올린 생각의 형체를 만들어낸다. 즉 건강의 형체를 만들어내고 모든 기능에서 완벽한 건강을 구현한다. 성인의 뼈를 만지고 치유된 병자들은 뼈가 지닌 기적의 힘이 아니라 절대 방식으로 생각한 덕분에 치유된 것이다. 대증요법이나 유사의학을 통해 치유된 이들 또한 실은 절대 방식으로 생각했기에 치유된 것이다. 기도나 긍정학을 통해 치유된 이들도 절대 방식으로 생각했기에 치유된 것이다.

절대 방식의 두 가지 핵심은 확신과 개인적 실천이다.

수도원에서 성인의 뼈를 만진 병자들에겐 확신이 있었다. 확신이 너무나 굳건했기에 유물을 만지자마자 질병과의 모든 정신적 관계가 끊어졌고 순간적으로 몸과 건강이 동화됐다. 이 같은 정신적 변화와 영혼 깊은 곳까지 침투하는 강렬한 확신의 감정에 자극받은 건강의 섭리가 강력한 활동을 펼친 결과다. 병자들은 굳은 확신 덕분에 자신을 질환과 연결 짓던 생각을 완전히 끊고 건강과 연결 짓는 데 성공했다.

절대 방식으로 생각하면 건강이 찾아온다. 절대 방식으로 생각하는 방법의 핵심은 두 가지다. 첫째, 확신을 통해 건강을 손에 넣어야 한다. 둘째, 질병과의 모든 정신적 연결 고리를 끊고, 건강과 새로운 정신적 연결 고리를 맺어야 한다.

정신적으로 생각하면 몸에서 변화를 확인할 수 있다. 사람은 정신적으로 동화되면 물리적으로도 동화된다. 즉 언제나 질환만을 생각하면 생각이 집중돼 몸 안에서 병을 일으킨다. 반면 생각이 언제나 건강과 연결돼 있으면 그 생각이 건강한 상태를 유도하는 에너지가 된다.

건강의 법칙을 실천할 때에는 두 가지를 염두에 두자. 확신을 갖고 생각하는 법과 건강의 섭리가 더 빨리, 건설적으로 활동하도록 유도하는 법이다. 먼저 확신을 갖고 생각하는 법부터 배우도록 하자.

4장

건강과 지속적인
관계를 맺어라

질병과의 정신적 연결 고리를 모두 끊으려면 건강과 연결 고리를 맺어야 한다. 그 과정을 수행할 때 부정적이기보다 긍정적으로, 거부하기보다 수용하는 방향으로 받아들여야 한다. 질병을 거부하고 부정하는 게 아니라 건강을 긍정적으로 받아들여야 한다는 의미다.

질병을 부정하고 쫓아내려는 시도는 거의 효과가 없다. 질병은 마치 언제 쫓겨났냐는 듯 더 나쁜 질병과 함께 돌아올 것이다. 건강과 완전하고 지속적인 정신적 연결 고리를 맺는 편이 훨씬 낮다. 건강과 단단히 연결되면 질병과의 모든 관계는 끊어질 수밖에 없다. 건강과 정신적 연결 고리를 맺는 것이 건강의 자기확신의 첫걸음이다.

건강하고 튼튼한 내 모습을 상상하자. 그리고 나 자신에 대해 생각할 때 습관처럼 그 이미지가 떠오르도록 충분히 숙고하자.

쉬울 것 같지만 생각보다 어려운 일이다. 상당한 시간을 명상에 투자해야 할뿐더러 누구나 완벽하고 이상적인 몸을 가진 자신의 이미지를 또렷하게 떠올릴 수 있을 만큼 상상력을 발달시킨 것은 아니기 때문이다. 『부자의 자기확신』에서 그랬듯이 자신이 원하는 물건을 떠올리는 편이 훨씬 쉽다. 물건이라면 익히 본 적이 있을 것이고, 기억을 더듬으면 손쉽게 이미지를 상상할 수 있기 때문이다. 그러나 나 자신이 완벽한 몸을 지닌 모습은 본 적이 없기 때문에 또렷한 이미지를 상상하기가 어렵다.

자신이 원하는 자신의 모습을 또렷하게 상상하는 것이 필수 조건은 아니다. 완벽한 건강의 관념을 형성하고 나 자신을 그와 합치시키는 것으로 충분하다. 특정 사물을 머릿속에서 그려보는 것이 아니라 건강이 무엇인지 이해하고 몸의 모든 부위와 장기가 완벽하게 활동한다고 생각하면 건강의 관념을 올바르게 형성할 수 있다.

물론 완벽한 체형을 지닌 자신의 모습을 떠올리려고 시도해보는 것도 나름대로 도움이 된다. 완벽하게 튼튼하고 건강한 사람이 되기 위한 모든 일을 수행하는 자신의 모습을 떠올려보자. 몸을 곧게 펴고 원기왕성하게 거리를 활보하는 자신의 모습을 그려봐도 좋다. 하루의 일을 손쉽게 끝내고도 활력이 남아돌고, 전혀 지치거나 약해지지 않은 자신의 모습을 상상하는 것도 좋은 방법이다. 건강하고 기운이 넘치는 사람이라면 어떻게 모든 일을 처리할지 머릿속에서 그려보고, 나 자신을 그 주인공 자리에 대입해봐도 좋다.

약하고 비실거리는 사람이 아니라 튼튼한 사람이 일처리를 하는 방식을 떠올리자. 건강에 대한 충분한 관념이 형성될 때까지 건강의 절대 방식을 틈날 때마다 떠올리자. 언제나 건강한 방식으로 행동하는 나의 모습을 그려보자. 건강의 관념을 지니고 있다는 것은 그런 의미다.

해부학이나 생리학을 배워 머릿속에 각 장기의 이미지를 떠올린 다음, 장기가 완벽하게 작동하도록 에너지를 보내는 따위의 일을 하지는 말자. 간, 신장, 위장, 심장을 소위 정신력으로 치료할 필요는 없다. 사람에게는 모든 무의식적 신체 활동을 제어하는 건강의 섭리가 깃들어 있다. 이 같은 섭리에 각인된 완전한 건강의 관념은 자연스럽게 몸 구석구석과 장기에 전달된다. 간의 섭리가 간을, 소화의 섭리가 위를 각기 제어하는 것은 아니다. 그 대신 유일한 존재가 건강의 섭리 속에 스며들어 있다.

사실 생리학은 자세히 공부하지 않는 편이 바람직하다. 생리학에 관한 인류의 지식은 극히 불완전하다. 이처럼 불완전한 지식은 불완전한 생각을 낳고 불완전한 생각은 불완전한 신체 활동, 즉 질병을 유발한다.

예를 하나 들자면 생리학계에서는 최근까지도 사람이 음식을 먹지 않고 버틸 수 있는 최장 기간을 열흘이라고 규정했다. 배의 난파나 사고, 기근 때문에 굶주려야 했던 수많은 사람이 실제로 그 기간 이후에는 사망했기 때문이다. 그보다 오랫동안 단식하고도 생존하는 것은 극히 예외적인 경우라 여겼다. 그 덕분에 먹을 것이 없으면 닷새에서 열흘 안에 죽게 된다는 인식이 널리 퍼졌다.

그러나 40일간 단식한 헨리 태너Henry S. Tanner와 단식요법을 실천한 에드워드 듀이를 비롯한 의사들이 쓴 기록과 40~60일의 단식에 성공한 많은 사람의 사례를 보면 인간이 먹지 않고 생존할 수 있는 기간이 생리학계에서 주장하는 것보다 훨씬 길다는 사실을 확인할 수 있다. 즉 올바른 방법을 제대로 배우면 누구나 20~40일 정도는 원기를 잃지 않고 체중만 약간 빠진 상태로 단식을 유지할 수 있다.

열흘 만에 굶어 죽은 사람은 죽음을 피할 수 없다고 믿었기에 그런 결과를 맞이한 것이다. 생리학의 오류가 틀린 확신을 심어준 결과나 마찬가지다.

먹을 것이 없을 경우 사람은 짧게는 열흘에서 길게는 50일까지 생존할 수 있다. 그리고 생존 기간을 좌우하는 것은 그 사람이 배운 지식, 즉 단식에 대한 그의 생각이다. 이러한 사례에서 보다시피 생리학적 오류는 상당한 문제를 일으킬 수 있다.

현재 인류의 생리학적 지식이 명확하지 않은 탓에 이를 바탕으로 세울 수 있는 완벽한 건강의 법칙은 없다. 생리학계의 주장과 달리 몸의 내부 작용과 과정에 관해 정확하게 알려진 바는 거의 없다. 음식이 소화되는 과정, 음식이 기운을 내도록 하는 역할도 아직 정확하게 모른다. 간, 비장, 췌장과 그 분비물이 동화의 화학에서 어떤 역할을 하는지도 잘 모른다. 이와 같은 문제에 관한 이론은 많지만 진정 알지는 못한다.

생리학을 공부하기 시작하면 이론과 논쟁에 휘말린다. 상충되는 의견과 틀린 이론을 접하는 경우도 있다. 틀린 이론은 틀린 생각을 낳고, 틀린 생각 탓에 신체 활동이 왜곡되면 질병이 생겨난다. 인류가 생리학을 완벽하게 정복하고 나면 완벽한 건강의 관념을 품고 완벽하게 건강한 방식으로 먹고, 마시고, 숨 쉬고, 잘 수 있을 것이다. 그러나 그런 일은 생리학을 전혀 모르는 상태에서도 실천할 수 있다.

위생학의 경우도 마찬가지다. 앞으로 설명할 근본적인 중요 개념 몇 가지를 제외하면 생리학과 위생학에 집착할 필요는 없다. 머릿속이 온통 질병에 대한 생각으로 가득하면 몸도 그 생각을 따라가기 마련이다. 건강만을 생각하려면 질병을 다루는 과학은 들여다보지 않는 편이 바람직하다.

지금 자신이 겪고 있는 몸의 문제와 원인, 앞으로 일어날 수 있는 결과에 대해 샅샅이 조사하는 것을 당장 멈추고, 건강의 관념을 그리는 작업에 착수하자.

건강, 건강해질 수 있다는 가능성, 완전히 건강할 때 할 수 있는 일들과 즐길 수 있는 기쁨을 떠올려보자. 나 자신에 관해 생각할 때에는 항상 건강의 관념에 따라 생각하자. 단 한 순간이라도 건강의 관념과 조화를 이루지 못하는 스스로의 모습을 떠올리지 말자. 질병이나 불완전한 신체 활동에 대한 생각이 머릿속에 떠오를 때면 곧장 건강의 관념을 상기하면서 떨쳐버리자. 항상 건강의 관념, 즉 튼튼하고 건강한 사람의 이미지를 현실로 구현하는 중이라고 생각하자. 그와 반대되는 생각은 품지 말자.

건강의 관념과 당신 자신을 연결 지으면 당신의 세포를 채우고 있는 태초의 본질이 그 관념에 따라 형체를 만들어낼 것이다. 전지적 본질은 건강한 세포로 몸이 재건되게끔 적절한 신체 활동을 유도할 것이다.

만물의 기원인 전지적 본질은 만물 안에 들어 있다. 따라서 당신의 몸 안에도 들어 있다. 본질은 생각에 따라 움직인다. 건강한 신체 활동에 대해서만 생각하면 본질은 당신의 몸 안에서 건강한 활동의 흐름을 유도해낼 것이다.

자신이 완벽하게 건강하다는 생각을 끈질기게 견지하자. 다른 곳으로 생각이 흘러가도록 내버려두지 말자. 그 생각이 곧 사실이라는 확신을 견지하자. 당신의 정신적 몸은 흠잡을 데 없이 건강하다. 사람에게는 정신적 몸과 육체적 몸이 있다. 정신적 몸은 당신이 떠올리는 자신의 이미지에 따라 형체를 취한다. 어떤 생각을 계속 유지하면 그 생각이 구현되면서 육체적 몸이 그 생각에 따라 변화한다. 모든 신체 활동이 완벽하다는 생각을 정신적 몸에 새기면 시간이 흐르면서 육체적 몸에서도 모든 신체 활동이 완벽해지는 결과를 불러올 것이다.

물론 육체적 몸이 단번에 이상적인 상태로 변하지는 않는다. 형체를 창조하고 또 재창조하는 과정에서 본질은 이전에 세워둔 성장의 경로를 따라 움직인다. 본질에 새겨진 건강의 관념은 세포 하나하나를 건강하게 바꿔나가면서 비로소 몸 전체가 건강해지도록 유도한다. 건강의 관념을 견지하면 본질은 궁극적으로 완벽한 신체 활동을 이끌어내고, 완벽한 신체 활동은 건강한 몸을 만들어낸다. 이 장에서 다룬 내용을 간단하게 정리해보자.

당신의 몸은 생각을 통해 형체를 만들어내는 전지적 본질로 채워져 있다. 생각을 통해 생겨난 형체는 육체적 몸의 신체 활동을 제어한다. 질병이나 불완전한 신체 활동에 관해 생각하면 그 생각이 본질에 각인돼 육체적 몸의 신체 활동이 불완전해지거나 질병이 찾아온다. 병에 걸리는 이유는 당신 자신 또는 조상의 잘못된 생각이 본질에 각인을 남겼기 때문이다.

　　사람은 조상이 남긴 수많은 무의식적 각인을 지니고 삶을 시작한다. 그러나 모든 생명체의 의식은 본디 건강을 지향하므로, 의식이 건강만을 생각한다면 몸 안의 모든 활동은 완벽히 건강하게 이뤄질 것이다.

　　당신의 몸 안에 내재된 대자연의 힘은 조상으로부터 물려받은 각인을 모두 지우기에 충분하다. 건강만을 떠올리기 위해 생각을 제어하는 법을 배우고 삶의 의식적 활동을 완벽하게 건강한 방식으로 수행한다면 당신은 분명 건강해질 것이다.

5장

자신의 건강을
확신하라

건강의 섭리는 확신에 따라 움직인다. 섭리를 움직일 수 있는 것은 확신뿐이다. 확신만이 당신과 건강을 연결 짓고 질환과의 연결 고리를 끊을 수 있다.

건강에 대한 확신이 없으면 계속 질환에 관해 생각하기 마련이다. 확신이 없으면 회의가 들고 회의가 들면 두려움이 찾아온다. 결국 두려움의 대상과 자신을 연결 짓게 된다.

병을 두려워하면 당신 자신과 병을 연결 지어 생각하게 된다.

그러면 내면에서는 질병의 형체와 흐름이 생겨난다. 태초의 본질이 스스로 생각의 형체를 만들어내듯, 태초의 본질로 이뤄진 당신의 정신 또한 생각하는 것의 형체와 흐름을 만들어낼 수 있다. 병을 두려워하고 걱정하며 병에 걸릴까 노심초사하면 병과 자신을 연결 짓고 몸 안에서 질병의 형체와 흐름을 만들어내게 된다.

생각의 잠재력, 즉 창조적 힘은 생각에 깃든 확신 때문에 생겨난다. 확신이 담기지 않은 생각은 형체를 만들어낼 수 없다. 모든 진리를 알고 진리만을 생각하는 무형의 본질은 모든 생각에 완벽한 확신이 있다. 본질의 모든 생각은 형체를 창조해낼 힘을 지닌다. 그러나 확신이 없는 생각은 본질이 흐름이나 형체를 만들어내도록 유도할 수 없다.

확신을 바탕으로 생겨난 생각만이 창조적 에너지를 띤다는 것을 잊지 말자. 신체 활동에 변화를 주거나 건강의 섭리가 빨리 활동을 개시하도록 유도할 수 있는 것은 확신이 깃든 생각뿐이다.

건강에 확신이 없다는 것은 질병에 확신이 있다는 의미와 같다. 건강에 확신이 없다면 건강에 관해 아무리 생각해봤자 소용없다. 생각에 힘이 실리지 않아 몸 상태가 좋아지도록 유도할 수 없기 때문이다. 다시 말하지만 건강에 확신이 없다면 질병에 확신이 있는 셈이다. 확신이 없으면 하루에 열 시간 동안 건강을 생각하다가 고작 몇 분만 질병에 관해 생각해도 질병의 관념이 당신의 몸 상태를 지배하게 된다. 질병의 관념은 건강의 관념이 갖지 못한 확신의 힘을 갖고 있기 때문이다. 건강의 관념은 형체나 흐름을 바꾸기에 충분한 에너지가 없으므로 몸은 질병의 형체와 흐름을 유지하게 된다.

건강의 자기확신을 실천하려면 건강에 대한 완전한 확신이 있어야 한다. 확신은 믿음에서 시작된다. 그럼 여기서 의문이 생긴다. 건강에 확신을 가지려면 무엇을 믿어야 할까?

질병보다 건강의 섭리가 당신 자신과 주변 환경에 미치는 힘이 더 크다는 사실을 믿어야 한다. 아래의 사실 관계를 따져보면 내 말을 믿게 될 것이다.

만물의 원천인 생각하는 본질이 존재한다. 이 본질은 우주의 모든 공간을 충만하게 채우고 어디에나 스며 있다. 본질이 어떤 형체에 대해 생각하면 본질은 그 형체를 갖게 되고 흐름을 생각하면 그 흐름을 만들어낸다. 태초의 본질은 건강하고 완벽하게 활동하는 사람만을 생각한다. 사람 안팎에 존재하는 본질이 지닌 힘은 언제나 건강을 지향한다.

사람은 생각의 주체로서 고유한 생각을 할 수 있다. 사람은 정신적 몸과 육체적 몸을 지닌다. 태초의 본질로 이뤄진 정신적 몸은 육체적 몸을 가득 채우고 있다. 따라서 정신적 몸이 품고 있는 확신이 육체적 몸의 활동을 제어한다. 건강에 대한 확신을 바탕으로 생각하고 외적 활동을 수행한다면 몸 안의 신체 활동 또한 건강한 방식으로 이뤄질 것이다. 그러나 질병의 섭리에 대한 확신을 바탕으로 생각하면 몸 안의 활동 또한 질병의 섭리에 끌려가게 될 것이다.

태초의 전지적 본질은 사람 안에 존재하며 건강을 향해 나아간다. 그리고 사방에서 그를 감싼다. 사람은 무한한 건강의 힘으로 가득한 바다에서 살고 움직이고 존재한다. 그리고 스스로의 확신에 따라 그 힘을 활용할 수 있다. 사람이 건강의 힘을 스스로에게 적용한다면 모든 힘은 그의 것이 된다. 건강에 대한 굳은 확신을 바탕으로 본질의 힘과 하나가 되면 그는 반드시 건강해진다. 본질이 지닌 힘이야말로 존재하는 모든 힘이기 때문이다.

위의 내용을 믿으면 건강한 상태야말로 자연스러운 상태이며 사람은 건강의 에너지에 둘러싸여 살고 있다는 사실을 확신하게 된다. 대자연의 모든 힘이 건강을 지향하고 누구나 건강해질 수 있다는 것을 믿게 된다.

우주에 존재하는 건강의 힘은 질병의 힘보다 만 배는 더 크다. 사실 질병은 왜곡된 생각의 결과물일 뿐이다. 따라서 실질적 힘이 전혀 없다는 확신도 품게 된다. 건강해질 수 있고, 그 방법을 정확히 안다고 믿으면 건강에 대한 확신을 갖게 될 것이다. 이 책을 주의 깊게 읽고 책에 담긴 지침을 신뢰하고 실천하면 위와 같은 확신과 깨달음을 얻을 수 있다.

단순히 확신을 품는 데서 그치지 않고 확신을 스스로에게 적용해야만 치유가 일어난다. 당연히 건강해진다고 생각하고 건강의 관념을 형성하며 현재 병약한 상태일지라도 완벽하게 건강한 자신의 모습을 그려보자. 그런 다음 건강의 관념이 구현되는 중이라고 확신하자. 앞으로 건강해질 거라는 확신이 아니라 지금 건강하다는 확신을 새겨야 한다.

첫 단계는 당신 자신이 지금 건강하다는 사실을 확언하는 것이다. 머릿속에서 건강한 사람의 태도를 견지하고, 그 태도와 맞지 않는 행동이나 말은 하지 말자. "나는 완벽하게 건강하다"라는 확신을 거스르는 행동이나 말은 절대 금물이다. 가슴을 펴고 고개를 똑바로 든 채 기운 차게 걷자. 언제나 건강한 사람처럼 행동하고 건강한 사람다운 태도를 유지하자. 병약한 태도로 되돌아갔다면 곧장 정신을 올바로 하고 건강과 힘을 상기하자. 나는 완벽하게 건강한 사람이라는 사실 외의 생각은 하지 말자.

확신을 활용하는 가장 효과적인 방법은 감사를 실천하는 것이다. 당신 자신이나 점점 좋아지는 몸 상태에 대해 생각할 때마다 완벽한 건강을 누리게 해주는 우주적 본질에 감사하자.

스웨덴 출신의 자연과학자이자 철학자인 에마누엘 스베덴보리Emanuel Swedenborg가 말했듯이 생명은 궁극적 존재로부터 지속적으로 유입되며 사람은 자신의 확신에 따라 그 에너지를 받게 된다는 사실을 기억해두자. 우주적 존재가 보내는 건강의 에너지는 당신이 항상 건강을 향해 나아가도록 유도한다. 그 사실을 떠올릴 때에는 우주적 존재를 향해 당신의 정신을 경건하게 고양시키고 우주적 존재가 심신의 완벽한 건강과 진리를 향해 나를 인도하고 있다는 데 감사하자. 언제나 감사하는 태도를 유지하고, 말에서도 감사하는 마음이 드러나도록 하자.

감사는 자신의 생각을 제어하는 데 도움이 된다. 질병에 관한 생각이 떠오를 때마다 곧바로 건강을 상기하고, 완벽한 건강을 누리게 해주는 우주적 존재에 감사하자. 질병을 생각할 틈이 없을 만큼 충분히 감사해야 한다. 나는 건강하다고 확언하고 신에게 경건하게 감사함으로써 질환과 연결된 모든 생각을 완전히 떨쳐내자. 곧 예전의 생각은 더 이상 돌아오지 않을 것이다.

감사의 효과는 두 가지다. 감사는 확신을 굳게 다지는 동시에 궁극적 존재와 한층 가깝고 조화로운 관계를 맺도록 해준다. 모든 생명과 힘의 근원인 유일한 전지적 본질이 있으며 그 본질로부터 당신의 생명을 받았다는 사실을 믿자.

또한 지속적 감사를 통해 그 존재와 자신을 연결 짓자. 생명의 근원과 당신 자신을 가까이 연결 지을수록 생명의 에너지를 더 쉽게 전해 받을 수 있다. 우주적 존재와 당신의 관계는 당신의 정신적 태도에 따라 달라진다. 신과 마찬가지로 사람 또한 생각하는 본질이기에 사람과 신은 물리적 관계가 아니라 정신적 관계를 맺게 된다.

한 번도 신을 존중하고 감사한 적이 없는 사람보다 신을 향해 깊이 감사하는 사람이 신과 더 가까울 것이라는 생각은 당연한 사실이다. 감사를 모르는 사람은 신에게 받은 은혜가 전혀 없다고 믿음으로써 궁극적 존재와의 관계를 끊어버린다. 반면 감사하는 사람은 언제나 궁극적 존재를 지향하며 항상 궁극적 존재로부터 은혜를 받을 준비가 돼 있고 계속 은혜를 받게 될 것이다.

사람이 지닌 건강의 섭리는 우주에 깃든 생명의 섭리로부터 생명력을 전해 받는다. 사람은 건강에 대한 확신을 갖고 자신이 받는 건강의 에너지에 감사함으로써 생명의 섭리와 자신을 연결 짓는다. 이처럼 확신과 감사하는 마음을 다지려면 의지를 올바르게 활용해야 한다.

6장

건강의 개념에
집중하라

건강의 자기확신을 실천하는 데 있어 의지는 어떤 역할을 담당할까? 의지는 아무런 목적이 없는데도 몸을 써야 한다고, 또는 일할 여력이 없는데 일하라고 스스로를 옥죄는 수단이 아니다. 의지만 있다고 해서 몸 안의 신체 활동이 제대로 이뤄지도록 유도할 수 있는 것도 아니다. 다른 사람이나 자신의 몸을 포함한 모든 사물에 의지력을 행사하려고 드는 것은 절대 금물이다.

건강의 자기확신을 실천할 때 의지를 쏟아야 할 대상은 바로 당신의 정신이다. 의지의 올바른 용도는 당신이 믿음을 가지고 생각하며 주의를 기울여야 할 대상을 결정할 때 활용하는 것이다.

모든 확신은 믿으려는 의지에서부터 시작된다. 만약 당신이 무언가를 믿기로 결심했더라도 그 사실을 곧바로 믿지는 못한다. 그러나 당신이 확인한 사실을 믿겠다는 의지를 발휘할 수는 있다. 건강의 섭리를 믿기로 결심했다면, 의지를 발휘해 확신으로 굳히도록 하자. 이 책에는 건강에 대한 진리가 담겨 있으니 의지를 발휘해 진리를 확신하자. 그것이야말로 당신이 건강에 이르는 첫 단계다.

의지를 발휘해 확신해야 하는 진리는 다음과 같다.

- 만물의 원천인 생각하는 본질이 존재하며, 사람은 본질로부터 건강의 섭리, 즉 자신의 생명을 받는다.
- 사람은 곧 생각하는 본질이다. 육체적 몸을 가득 채우는 정신적 몸은 사람의 생각을 따르며, 육체적 몸의 활동 또한 생각에 따라 달라진다.
- 완벽한 건강만을 생각하고 그에 따라 외적, 의식적 신체 활동을 실천해나가면 내적이고 무의식적인 신체 활동 또한 건강하게 이뤄지도록 유도할 수 있다.

이러한 사실을 믿기로 결심했다면 행동으로도 옮겨야 한다. 신념에 따라 행동하지 않으면 신념을 오래 유지할 수 없다. 또 행동하지 않으면 믿음을 확신의 차원으로 끌어올릴 수 없다. 만약 신념과 반대되는 행동을 한다면 신념으로부터 아무런 이득을 얻을 수 없다. 병약한 사람처럼 행동을 지속한다면 건강을 향한 확신을 오래 유지할 수 없어 결과적으로 계속 병약한 상태에 머물게 될 뿐이다.

외적으로 건강한 사람처럼 행동하는 첫 단계는 내적으로 건강한 사람처럼 행동하는 것이다. 건강의 관념을 형성하고 확신이 굳어질 때까지 완벽한 건강에 대해 충분히 숙고하자. 건강하고 튼튼한 사람처럼 행동하는 자신의 모습을 떠올려보고 실제로 그렇게 할 수 있다는 확신을 품자. 건강의 관념을 또렷하게 떠올릴 수 있을 때까지 계속 유지하자.

건강의 관념이란 건강한 사람의 외형과 행동방식을 모두 아우르는 말이다. 완벽하게 건강한 사람의 외형과 생활과 행동에 대한 뚜렷한 관념이 형성될 때까지 당신 자신과 건강을 연결 지어 생각하자. 모든 행동을 건강한 사람처럼 해내는 자신의 모습이 상상 속에서 완성될 때까지 자신과 건강을 연결 지어 생각하자.

앞 장에서 말했듯 완전하게 건강해진 자신의 외모를 또렷이 떠올려보기는 어려울 수 있다. 하지만 건강한 사람처럼 행동하는 자신에 대한 이미지는 비교적 쉽게 떠올릴 수 있다. 따라서 자신의 건강한 이미지를 형성하고, 언제나 완벽하게 건강한 자신의 모습만을 떠올리자. 남에 대해 생각할 때에도 가능한 완벽하게 건강한 모습을 떠올리자. 특히 병이나 질환의 관념과 맞닥뜨리면 외면하는 습관을 기르자. 그런 생각은 아예 머릿속에 들여놓지 말자.

만약 질환에 대한 이야기를 듣게 된다면 다음과 같이 대처하자. 머릿속에서 건강을 떠올리고, 나 자신이 건강하다고 생각하고, 자신에게 주어진 건강에 진정으로 감사하면 된다. 질환의 관념에 계속 맞닥뜨려야 하고 자신의 몸을 피할 곳도 없다면, 감사하는 마음을 되새기는 데 집중하자. 무엇보다 나 자신을 궁극적 존재와 연결 짓자. 신이 내리는 완벽한 건강에 감사하자. 그러면 곧 생각을 제어할 수 있고, 자신이 원하는 생각을 할 수 있게 될 것이다.

회의나 유혹이 마음에 찾아올 때에는 감사하는 마음을 되새기자. 감사하는 마음은 마치 닻처럼 당신이 유혹의 파도에 휩쓸리지 않도록 막아줄 것이다. 질환과의 모든 정신적 연결 고리를 끊고 건강과의 연결 고리를 단단히 맺는 것이 가장 중요하다는 사실을 기억하자. 그것이야말로 모든 정신적 치유의 열쇠이자, 치유 그 자체다.

어떤 문구를 되풀이해 왼다고 해서 치유의 힘이 발휘되지는 않는다. 그러나 질환의 관념으로 가득 찬 환경에 처했을 때 떠올리기 쉽도록 중요한 생각을 정리해두면 무척 편리하다. 주변 사람들이 질병과 죽음에 대해 이야기하기 시작하면 귀를 닫고 아래 문구와 같은 말을 머릿속에서 되새겨보자.

유일한 본질이 존재하며, 나는 그 본질로 이뤄져 있다.
본질은 영원하며 생명이다.
나는 그 본질이자 영원한 생명이다.
본질은 질병을 모른다. 나는 그 본질이자 곧 건강이다.

의지를 발휘해 건강만을 생각하고, 건강을 암시하는 환경을 조성하자. 죽음, 질병, 장애, 허약, 노화를 암시하는 책이나 그림 같은 물건을 주위에 두지 말자. 건강, 힘, 즐거움, 생명력, 젊음을 암시하는 물건만 두자. 질환을 암시하는 정보를 제공하는 책을 마주하면 외면하자. 건강의 관념과 감사하는 마음을 떠올리고 위의 문구와 같이 되새기자.

의지를 발휘해 건강의 관념에 생각을 집중하자. 앞으로 이어지는 장에서 그 부분을 다시 다룰 것이다. 여기서는 건강만을 생각하고, 건강만을 인지하며, 건강에만 집중해야 한다고 강조하고 싶다. 의지를 발휘해 무엇을 생각하고, 무엇을 인지하고, 무엇에 관심을 기울일지 정하도록 하자.

의지를 통해 신체 활동을 건강하게 수행할 수 있도록 유도하려 들지 말자. 건강의 관념에 집중하기만 하면, 나머지는 건강의 섭리가 알아서 할 것이다.

무형의 본질에 의지를 투사해 더 많은 힘이나 생명력을 얻게 해달라고 청하지 말자. 생명의 본질은 이미 당신을 위해 모든 힘을 사용하고 있다.

해로운 상황이나 적대적인 힘을 제어하려고 의지를 발휘할 필요는 없다. 적대적인 힘은 존재하지 않는다. 우주에 존재하는 힘은 하나뿐이며, 그 힘은 당신에게 우호적이고 건강을 지향한다.

우주의 만물은 당신이 건강하기를 바란다. 당신이 극복해야 할 대상은 질환에 관해 생각하는 습관뿐이다. 그러려면 건강에 관해 절대 방식으로 생각하는 습관을 들여야만 한다.

절대 방식으로 계속 생각하고 몸 밖의 의식적 활동을 절대 방식에 따라 실천하면 몸 안의 모든 무의식적 활동 또한 건강하게 이뤄진다. 절대 방식에 따라 생각하려면 의지를 발휘해 올바른 곳에만 주의를 기울이면 된다. 다시 한번 강조하지만 사람은 생각할 대상을 스스로 결정할 수 있는 존재다.

7장

지성과 조화를
이뤄라

이번 장에서는 사람이 궁극적 존재로부터 건강을 전해 받는 과정을 설명하고자 한다. 궁극적 존재란 만물의 근원이자 만물 안에 존재하며 더 완벽하고 풍요로운 생명을 추구하는 생각하는 본질을 가리킨다. 생각하는 본질은 지성을 가지고 있고 만물을 충만하게 채우며 모든 정신과 접해 있다. 또한 모든 에너지와 힘의 근원이며 스베덴보리가 말했듯이 생명의 유입을 통해 만물에 생명력을 불어넣는다.

본질은 유일하고 뚜렷한 목표를 실현하기 위해 나아간다. 그 목표란 바로 우주적 지성을 완전히 구현할 수 있도록 생명의 풍요로운 발전을 유도하는 것이다. 사람이 더욱 풍요롭게 살려는 목적의식을 꾸준히 견지하면 궁극의 지성과 조화를 이룰 수 있다. 그리고 궁극의 지성과 조화를 이루면 궁극의 지성은 건강과 지혜를 베푼다.

궁극의 지성이 품은 목표는 만물이 가장 풍요로운 생명을 누리는 것이다. 궁극의 지성은 당신이 더 풍요로운 삶을 누리기를 바란다. 당신의 목표도 더 풍요로운 삶을 누리는 것이라면 당신은 궁극의 지성과 하나가 되는 셈이다. 이때 당신과 궁극의 지성은 서로 협동하게 된다. 단, 궁극의 지성은 만물 안에 존재하기에 궁극의 지성과 조화를 이루려면 만물과 조화를 이뤄야 한다. 당신 자신뿐만 아니라 모두가 좀 더 풍요로운 삶을 살기를 소망해야 하는 것이다.

궁극의 지성과 조화를 이루면 여러 장점을 누릴 수 있다. 우선 지혜를 얻는다. 여기서 말하는 지혜란 지식이 아니라 삶과 관련된 모든 문제에서 진리를 인지하고 이해하며 제대로 판단하고 올바르게 행동하는 능력이다. 진리를 인지하는 힘이자 지식을 최선으로 활용하는 능력이다. 이러한 지혜가 있으면 자신이 지향해야 할 최선의 목표 및 목표를 이룰 수단을 단번에 파악할 수 있다.

또한 평정심과 함께 올바르게 생각하고 자신의 생각을 제어하며 잘못된 생각이 초래하는 어려움을 회피할 힘도 찾아온다. 지혜가 있으면 필요에 맞는 길을 택하고 자신을 제어해 최선의 결과를 얻을 수 있다. 즉 자신이 원하는 일을 해낼 방법을 알게 된다. 지혜는 궁극의 지성이 지닌 근본적 특성이다. 궁극의 지성과 조화를 이루고 하나가 될수록 당신이 얻는 지혜도 늘어난다.

다시 말하지만 궁극의 지성은 만물에 내재돼 있으므로 지혜를 얻으려면 만물과 조화를 이뤄야 한다. 당신의 소망이나 목표를 이루기 위해 타인을 억압하고 부당하게 다루거나 생명력을 해친다면 궁극적 존재로부터 지혜를 얻을 수 없다. 당신 자신을 위해서도 최선의 목적의식을 지녀야 한다.

일반적으로 사람은 세 가지를 지향하며 살아간다. 바로 육체적·지적·영적 만족이다. 육체를 만족시키려면 먹을거리와 육체적 즐거움을 제공하는 대상을 향한 욕망을 채우면 된다. 지성을 만족시키려면 지식, 고급 옷, 명성, 권력 등을 향한 갈망을 채우면 된다. 영혼을 만족시키려면 이기적이지 않은 사랑과 이타적인 행동을 실천하면 된다. 이 중 어느 하나도 지나치거나 부족하지 않을 때 가장 현명하고 완전한 삶을 살 수 있다.

감각에 집중한 육체적 만족을 위해서만 사는 사람은 지혜롭지 못하며 신과 조화를 이룰 수 없다. 냉정한 지적 만족을 위해서만 사는 사람은 제아무리 도덕적인 삶을 살더라도 지혜롭지 못하며 신과 조화를 이룰 수 없다. 이타주의를 실천하는 데 치중하고 남을 위해 자신을 내던지는 사람 또한 극도로 이기적인 사람과 마찬가지로 지혜롭지 못하며 신과 조화를 이룰 수 없다.

궁극적 존재와 완전한 조화를 이루려면 제대로 사는 데 목표를 둬야 한다. 즉 육체, 지성, 영혼의 모든 측면에서 최대한 역량을 발휘해 살아야 한다. 모든 측면에서 완전하게 활동하되 지나치지 않아야 한다. 어떤 면에서 지나치면 다른 면에서 부족해지기 마련이다.

건강을 바라는 것은 더 풍요로운 삶을 살고 싶기 때문이다. 그 뒤에는 당신을 통해 더 풍요로운 생명을 구현하려는 본질의 소망이 존재한다. 그러므로 완전한 건강을 향해 나아가는 동시에 육체적, 지적, 영적으로도 더 완전한 삶을 살겠다는 목적의식을 견지해야 한다. 모든 면에서 더 발전되고 풍요로운 삶을 향한 목적의식을 견지한다면 당신은 지혜를 얻을 것이다. 지혜는 자신을 올바르게 다스릴 수 있게 만들어주는 선물로, 인간이 받을 수 있는 최고의 선물이다.

궁극의 지성은 지혜뿐만 아니라 육체적 에너지, 활력, 삶의 힘도 함께 베푼다. 무형의 본질이 지닌 에너지는 무한하며 모든 곳에 충만하다. 당신은 이미 무형의 본질로부터 자동적, 본능적으로 에너지를 받아 활용하고 있다. 만약 의식적으로 생각한다면 훨씬 더 높은 차원에서 에너지를 전해 받을 수 있다. 사람이 지닌 힘의 한계는 신이 정하는 것이 아니라 에너지를 받으려는 사람의 의지에 따라 정해진다. 신은 모든 것을 베푼다. 무한히 공급되는 에너지 중에서 얼마나 전해 받을지는 자신에게 달려 있다.

무릇 궁극의 지성에 속한 마르지 않는 샘에서 비롯되는 사람의 능력에는 한계가 없다. 체력이 모두 소진된 것처럼 보이는 기진맥진한 육상 선수도 절대 방식에 따라 계속 달리면 다시 기운을 낼 수 있다. 마치 기적이라도 일어난 것처럼 새로이 힘을 얻고 계속 달려간다. 절대 방식에 따라 계속 달리다 보면 세 번, 네 번, 다섯 번 기운을 낼 수 있다.

사람의 한계가 어디까지인지는 아무도 모른다. 기운을 꾸준히 내려면 언제든 힘이 솟아날 것이라는 절대적 확신을 품어야 한다. 힘에 대해 계속 생각하고, 자신이 힘을 지니고 있다는 완벽한 자신감을 품고, 계속 달려야 한다는 목적의식을 지녀야 한다. 머릿속에 의심을 품으면 기진맥진한 채 쓰러질 것이다. 기운이 나기를 기다린답시고 달리기를 멈추면 힘은 절대 솟아나지 않을 것이다. 우주적 힘에 대한 확신, 계속 달릴 수 있다는 믿음, 계속 달리겠다는 흔들리지 않는 목적의식, 계속 달리는 행동이야말로 육상선수에게 새로운 에너지를 불어넣어주는 요인이다.

마찬가지로 병든 사람이라도 건강에 관한 굳은 확신을 지니고, 근원과 조화를 이루고, 삶의 의식적 활동을 절대 방식으로 수행하면 병을 치유하는 데 충분한 생명력을 얻을 수 있다.

사람을 통해 스스로를 완전히 구현하기를 원하는 우주적 존재는 사람이 가장 풍요로운 삶을 사는 데 필요한 모든 것을 기꺼이 내준다. 당신이 더 풍요롭게 살기를 소망하고 궁극적 존재와 정신적 조화를 이룬다면 생명의 힘이 당신에게 집중될 것이다. 유일한 생명이 당신에게 다가와 주변을 채울 것이다.

유일한 생명은 그 생명력을 아낌없이 베풀고 기꺼이 좋은 것들을 내준다. 확신을 통해 유일한 생명을 받아들이자. 그러면 그 에너지는 당신의 것이 된다.

8장

건강에 대한
바른 태도를 가져라

건강의 자기확신을 실천하는 데 필요한 정신적 행동과 태도
를 정리하면 다음과 같다.

우선 만물의 원천인 생각하는 본질이 존재하며, 이 본질은
본래의 상태로 우주의 공간을 충만하게 채운다는 진리를 확신해
야 한다. 생각하는 본질은 만물의 생명이며 만물을 통해 더 풍요
로운 생명을 추구한다. 본질은 우주 안에 깃든 생명의 섭리이며,
사람 안에 깃든 건강의 섭리다.

사람은 이 같은 본질의 한 형태로서, 본질로부터 생명력을

얻는다. 태초의 본질로 이뤄진 정신적 몸은 육체적 몸을 가득 채우고 있다. 정신적 몸이 품은 생각은 육체적 몸의 활동을 제어한다. 따라서 사람이 완전한 건강만을 생각한다면 육체적 몸의 활동 또한 건강한 방식으로 이뤄질 것이다.

건강한 본질과 자신을 의식적으로 연결 짓는 사람이라면 존재의 모든 차원에서 풍요롭게 살겠다는 목적의식을 품고 있을 것이다. 육체, 정신, 영혼을 위해 필요한 모든 것을 소망해야 한다. 그러면 존재하는 모든 생명과 조화를 이루게 된다.

궁극적 생명과 의식적이고 지적인 조화를 이루는 사람은 궁극적 생명으로부터 지속적으로 생명의 에너지를 전해 받는다. 그러나 분노하고 이기적이고 우주의 뜻과 대립되는 정신적 태도를 취하면 에너지의 유입은 멈춰버린다.

어떤 부분에서든 우주적 존재의 뜻을 거스르면 존재 전체와의 관계가 끊어진다. 생명력을 받기는 하지만 본능적이고 자동적인 차원에 국한될 뿐, 지적이고 의도적인 차원에서 전해 받을 수는 없다. 어떤 부분에서건 궁극적 본질과 대립되는 마음을 품는다면 본질 전체와 완전한 조화를 이룰 수 없다.

내가 원하는 모든 것을 다른 모든 사람도 갖게 되기를 바라야 한다. 1부 『부자의 자기확신』 중 경쟁적 태도와 창조적 태도를 다룬 부분을 읽어보길 바란다. 경쟁적 태도를 완전히 떨쳐내지 않는다면 건강의 자기확신을 익히고 실천하더라도 건강을 잃은 사람이 완전히 건강을 되찾을 수 있을지는 미지수다.

창조적 태도, 즉 선의의 태도를 견지하는 데 성공했다면, 다음 단계는 완벽하게 건강한 자신의 모습을 떠올리고 그 관념과 완전히 조화를 이루지 못하는 생각은 모두 떨쳐내는 것이다. 건강만을 생각하면 신체 활동도 건강하게 이뤄지리라는 확신을 갖자.

의지를 발휘해 건강한 모습만을 생각하자. 절대 스스로를 아픈 사람이라 여기지 말자. 절대 자신과 질환을 연결 짓지 말자. 남의 질환에 관한 생각도 모두 지우자. 힘과 건강을 암시하는 물건들로 주변을 채우자.

건강에 확신을 갖고, 당신은 지금 현재 건강하다는 사실을 받아들이자. 궁극적 생명이 선사한 건강을 받아들이고, 언제나 깊이 감사하자. 확신을 통해 건강이라는 은혜를 받아들이자. 건강은 당신의 것이라는 사실을 확신하고 절대 그에 거스르는 생각을 머릿속에 들여놓지 말자.

의지력을 발휘해 당신과 남들 안에 존재하는 질병의 허상에 눈을 돌리지 않도록 하자. 질환에 관해 연구하거나 생각하거나 말하지 말자. 나도 모르게 질병에 관한 생각이 떠오르면 우주적 존재가 내려준 완벽한 건강에 감사하는 마음을 되새기자.

건강하게 살기 위해 해야 실천해야 하는 정신적 행동은 한 문장으로 정리할 수 있다.

완벽하게 건강한 자신의 이미지를 그리고, 그 이미지와 조화를 이루는 생각만을 하자.

그와 더불어 확신, 감사하는 마음, 진정한 삶을 살겠다는 목적의식을 품는다면 정신적 준비는 모두 갖춰진 셈이다. 6장에서 다룬 것 이외의 정신 훈련을 할 필요는 없다. 자기암시를 통해 스스로를 치료하거나 남의 암시에 기대려고 하지 말자. 확신을 다지기 위한 목적에서 지루한 행동을 의식적으로 반복하거나 몸에서 치유가 필요한 부분에 정신을 집중할 필요는 없다. 그보다는 몸의 어떤 부위에도 문제가 없고 완전히 건강하다고 생각하는 편이 훨씬 낫다.

치유의 힘은 당신 안에 깃든 건강의 섭리가 발휘할 때 솟아난다. 섭리가 건설적으로 활동하도록 유도하려면 우주적 존재와 조화를 이루고, 확신을 바탕으로 자신이 건강하다는 사실을 받아들이며, 모든 신체 활동이 건강하게 구현될 때까지 그 확신을 견지하면 된다.

이처럼 확신, 건강의 관념, 감사하는 마음으로 이뤄진 정신적 태도를 견지하려면 외적 활동 또한 건강하게 해내야 한다. 겉으로 계속 아픈 사람처럼 행동한다면 내적으로도 건강한 사람다운 태도를 오래 유지할 수 없다. 건강한 생각만 하고, 동시에 건강한 행동만을 건강한 방식으로 실천해야 한다.

건강에 관한 생각만을 하고 모든 의식적 활동을 건강하게 수행하면, 무의식적 신체 활동 또한 자연스레 건강해질 것이다. 모든 생명의 힘이 건강을 향해 계속 나아가기 때문이다. 다음 장에서는 모든 활동을 건강하게 수행하는 방법에 대해 알아보자.

9장

먹기 I:
언제 먹을까

정신적 또는 무의식적 활동만을 통해 완벽하게 건강한 몸을 만들고 유지할 수는 없다. 정신적 활동과 더불어 신체적 활동 또한 건강하게 수행해야 한다. 생명의 지속과 직접적 관계에 있는 네 가지 의식적 활동이 있다. 먹기, 마시기, 숨쉬기, 자기다. 어떤 정신적 자세를 취하든 간에 사람은 먹고, 마시고, 숨 쉬고, 자지 않으면 살 수 없다. 부자연스럽거나 그릇된 방식으로 먹고, 마시고, 숨 쉬고, 자도 건강할 수 없다. 따라서 의식적 활동을 제대로 수행하는 방법을 배우는 것이 너무나 중요하다. 지금부터 그 방식을 설명하고자 한다. 가장 중요한 활동인 먹기부터 시작하자.

언제, 무엇을, 어떻게, 얼마나 먹을지에 대한 논란은 어제오늘의 일이 아니다. 하지만 올바른 길을 매우 쉽게 찾을 수 있는 만큼 논란이 될 필요가 없는 문제다. 건강, 부, 힘, 행복 등 모든 것을 제어하는 우주적 존재의 법칙을 따르기만 하면 된다. 절대 방식에 따르면 지금 실천할 수 있는 행동을 지금 있는 곳에서 실행하되, 모든 행동을 가장 완벽한 방식으로, 그리고 확신의 힘을 담아 실행하면 된다.

소화와 동화의 과정은 정신의 일정 부분이 관장한다. 대개 무의식이라고 부르는 부분이다. 이 책에서도 이해를 돕기 위해 같은 표현을 쓰도록 하겠다. 무의식은 삶의 모든 활동과 과정을 관장한다. 몸에 먹을 것이 필요하고 몸이 음식을 활용할 수 있을 때 무의식은 허기라는 느낌을 일으켜 그 사실을 알린다. 허기가 드는 시간이 바로 음식을 먹어야 하는 시간이다.

허기가 들지 않을 때는 아무리 무언가를 먹어야 될 것 같은 생각이 들더라도 결코 자연스럽거나 올바른 것이 아니므로 먹지 말아야 한다. 물론 허기가 들지 않을 때 음식을 먹어도 어느 정도 소화를 거쳐 몸에 동화된다. 자신의 의지와는 상관없이 맡겨진 과제를 수행하고자 대자연이 특별히 노력을 기울이기 때문이다. 그러나 허기가 들지 않는데도 계속 습관적으로 음식을 먹으면 마침내 소화력이 손상돼 수많은 문제가 일어난다. 자연스럽고 건강하게 먹는 순간은 배가 고플 때다. 배고프지 않을 때 먹는 것은 절대 자연스럽거나 건강한 행동이 아니다.

언제 먹어야 하는지에 대한 의문에 절대적 정답을 내놓는 것은 이처럼 무척 간단하다. 배가 고프면 먹고, 배가 고프지 않으면 절대 먹지 말자. 이것이야말로 대자연, 나아가 신을 따르는 방법이다.

허기와 식욕을 분명히 구분해야 한다. 허기는 새로운 세포를 만들고 몸을 재건하며 기운을 회복하고 체온을 유지할 재료가 더 필요하다는 자연의 신호이자 무의식의 신호다. 허기는 몸을 만들 재료가 필요하거나 배에 넣었을 때 소화시킬 힘이 있어야만 찾아온다. 몸을 재건하는 데 도움이 되지 않는 먹을거리를 달라고 자연이 신호를 보내는 경우는 절대 없다.

반면 식욕은 감각을 충족시키기 위한 욕구다. 술꾼은 술을 좋아하지만 술에 허기를 느끼지는 않는다. 마찬가지로 일반적인 식사를 하는 사람이라면 사탕이나 단것에 허기를 느끼지 않는다. 술이나 사탕 같은 먹을거리를 향한 갈망의 정체는 허기가 아니라 식욕이다. 차, 커피, 진한 맛의 음식, 요리사가 솜씨를 부려 만든 입맛 당기는 요리는 허기가 아니라 식욕을 자극한다.

식욕은 대부분 습관의 문제다. 일정 시간에 먹고 마시거나 특히 단것, 짠 것, 입맛을 당기는 음식을 먹어버릇하면 식욕은 비슷한 시간대만 되면 규칙적으로 찾아온다. 음식을 향한 습관적 갈망을 허기로 착각하지 말아야 한다. 허기는 정해진 시간에 찾아오지 않는다. 일이나 운동 때문에 세포가 일정량 파괴돼 재건을 위한 새로운 재료가 필요할 때에만 찾아온다.

전날 배불리 먹었다면 잠에서 깨자마자 순수한 허기를 결코 느낄 수 없다. 자는 동안 몸은 활력을 재충전하고 낮 동안 먹은 음식의 동화를 마무리한다. 굶은 상태에서 잠자리에 들지 않은 이상, 자고 일어난 직후의 몸에 음식은 필요치 않다. 푹 자고 난 직후에 자연스럽고 순수한 허기를 느끼는 것은 불가능하다. 새벽부터 진짜 허기가 들어 이른 아침 식사를 해야만 하는 사람은 없다. 새벽에 먹는 아침 식사는 언제나 허기가 아니라 식욕을 만족시키기 위한 것이다. 당신이 어떤 사람이든, 어떤 몸 상태를 유지하든, 제아무리 고된 일을 하든, 얼마나 추위에 노출돼 있든 간에 굶은 채로 잠자리에 들지 않았다면 일어나자마자 배가 고플 일은 없다.

허기는 잠잘 때가 아니라 일할 때 생겨난다. 직업이나 몸 상태, 업무량에 상관없이 아침 식사는 가급적 거르는 것이 정답이다. 이는 정당하게 몸을 사용하기 전에는 허기가 절대 저절로 찾아오지 않는다는 보편적 법칙에 바탕을 두고 있다.

아침 식사를 즐기는 많은 사람의 반론을 충분히 예상할 수 있다. 아침을 든든히 챙겨 먹고, 일이 너무 힘들어 빈속으로는 오전 시간을 버틸 수 없다고 생각하는 사람들 말이다. 이들은 술꾼이 아침 해장술을 즐기듯 자연스러운 허기가 아니라 습관적 식욕을 채워주는 아침 식사를 즐긴다. 술꾼이 아침 해장술을 제일 좋아하듯 이들도 아침 식사를 최고의 식사로 꼽는다.

그러나 사람은 아침을 걸러도 잘 살아갈 수 있다. 분야와 직군과 상관없이 수백만 명의 사람들이 아침 식사를 하지 않고도 잘 살고 있다. 오히려 아침을 거른 덕분에 건강이 훨씬 좋아진 사람도 많다. 건강의 자기확신에 따라 산다면 정당한 허기를 느끼기 전까지는 먹지 말아야 한다.

그럼 언제 첫 끼를 먹어야 할까? 대부분의 경우 점심 시간이라고 생각하는 정오, 즉 12시면 충분히 허기를 느낄 시간이다. 중노동을 하는 사람이라면 점심 때쯤에는 든든하게 먹어도 될 만큼의 정당한 허기가 찾아올 것이다. 가벼운 노동을 한다면 소소한 식사를 하기에 적합한 수준의 정당한 허기가 느껴질 것이다. 보편적 법칙으로 정리하자면 하루의 첫 끼는 정오 즈음에 먹는 것이 바람직하다. 물론 언제까지나 배가 고플 때의 이야기다. 배가 고프지 않다면 허기가 질 때까지 기다리면 된다.

두 번째 끼니는 언제 먹어야 할까? 허기, 그것도 순수하고 정당한 허기가 들지 않으면 먹지 말자. 허기를 느낀다면 편리한 시간에 먹으면 된다. 하지만 정당한 허기가 찾아오기 전까지는 먹지 말자.

이렇게 식사시간을 정하는 까닭에 대해 좀 더 자세히 알고 싶은 독자는 서문에서 언급한 책들을 찾아보길 바란다. 하지만 이 책에서 다룬 내용만으로도 의문에 대한 답을 얻기에는 충분할 것이다.

언제, 그리고 얼마나 자주 먹어야 할까? 답은 하나다. 정당한 허기가 찾아올 때 먹고, 그 외의 시간에는 절대 먹지 않는 것이다.

10장

먹기 II:
무엇을 먹을까

무엇을 먹어야 할까? 현재의 의학과 위생학은 아직 이 질문의 답에 전혀 가까이 다가가지 못했다. 채식주의자와 육식주의자, 생식 옹호파와 조리식 지지파 등 수많은 이론과 학파의 각축전은 끝이 없을 것 같다. 이론마다 찬반의 증거와 논리가 수북이 쌓여 있는 만큼 과학자들에게 의지했다가는 어떤 식재료를 먹어야 할지 영원히 결론을 내지 못할 것 같다. 그러나 대자연에 질문을 던지면 자연이 이미 답을 일러줬다는 사실을 알 수 있다.

영양학자가 저지르는 오류는 대부분 자연스러운 상태가 무엇인지 잘못 이해하는 데서 기인한다. 이들은 문명과 정신적 발전을 부자연스러운 상태로 간주한다. 즉 현대적인 집에서 살며 첨단 산업이나 업계에서 일하는 사람이 부자연스러운 환경에서 부자연스럽게 살아간다고 믿는다. 이들은 나체의 원시인을 자연스러운 사람으로 인식하고 원시인의 생활에서 멀어질수록 자연스러운 삶으로부터 멀어진다고 여긴다. 결코 옳지 않은 인식이다.

과학과 예술의 모든 혜택을 누릴 수 있는 사람이야말로 모든 활동을 가장 완전하게 해내고 있으며 가장 자연스러운 삶을 살고 있는 것이다. 현대적인 편의시설과 환기 시스템을 갖춘 도시의 근사한 집에서 사는 사람은 동굴에서 사는 원시인보다 훨씬 더 자연스럽고 인간적인 삶을 살고 있다.

만물에 내재된 위대한 지성은 사실 무엇을 먹어야 좋을지라는 의문에 대한 답을 이미 내놓았다. 신은 대자연의 질서를 정하는 과정에서 사람들이 사는 지역에 따라 그에 맞는 음식을 먹도록 세상을 창조했다. 추운 북극 지방에 사는 에스키모들은 체온을 유지해야 하므로 연료가 될 음식, 즉 바다 생물의 지방을 주식으로 먹으며 살아간다. 다른 식단은 불가능하다. 심지어 과일, 견과류, 채소를 먹고 싶어도 구할 수가 없다. 설령 구할 수 있더라도 극한의 기후에서는 과일이나 채소만 먹고는 살아갈 수 없다. 제

아무리 채식주의자가 목소리를 높이는 세상일지라도 에스키모는 계속 동물성 지방을 먹고 살아갈 것이다.

한편 열대 지방에 사는 사람에게는 지방이 많이 필요하지 않아 식단의 구성도 채식에 가까워지고 수백만 명의 인구가 쌀과 과일을 주식으로 먹으며 살아간다. 적도 근방에 사는 사람들이 에스키모 마을의 식단을 따른다면 조기 사망률이 높아질 것이다. 적도 지방의 자연스러운 식단은 북극의 자연스러운 식단과는 전혀 다르다.

의사나 영양학자들이 간섭하지 않는다면 양쪽 지방 사람들 모두 풍요로운 생명을 지향하며 건강에 도움이 되는 음식을 먹도록 사람들을 이끄는 전능한 존재의 인도를 따를 것이다. 자연과 사회의 진화를 이끄는 신은 무엇을 먹어야 하느냐는 질문에 대한 답을 이미 내놓았다. 자신을 전문가라 소개하는 사람들보다 신이 내놓은 답을 따르기를 권한다.

무엇을 먹어야 하느냐는 질문에 전문가들이 장황한 이론을 내놓으면 선택의 여지가 없다. 그만큼 불필요한 일이다. 사람은 자기가 사는 환경의 주식을 먹을 수밖에 없다. 생식 위주의 식단을 위해 견과류와 과일을 전 인류에게 공급할 수는 없다. 생식이 전 인류에게 적합한 식이요법이라면 '생명의 발전을 지향하는 대자연'은 전 기후대에서 견과류와 과일이 자라도록 했을 것이다.

무엇을 먹어야 좋은가라는 질문의 답은 이미 정해져 있다. 온대 지방에 사는 사람이라면 밀, 옥수수, 호밀, 귀리, 보리, 메밀, 채소, 고기, 과일 등 주변 사람 대부분이 먹는 것들을 먹으면 된다. 즉 자신의 환경에서 보편적인 음식을 먹는 사람들의 목소리가 곧 우주적 존재의 목소리다.

오랜 세월 동안 사람들은 비슷한 먹을거리를 골라 비슷한 방식으로 조리해왔다. 그들이 올바른 식재료를 선택해 올바른 방식으로 조리했을 거라 믿어도 좋다. 이 문제에 관한 한 인류는 신의 인도를 따르고 있는 셈이다. 게다가 보편적으로 먹는 식재료도 꽤 다양하므로 그중에서 각자의 입맛에 맞는 것을 골라 먹으면 된다. 다음 장에서 좀 더 다루겠지만, 이 지침을 따르면 실패할 일이 없다.

만약 정당한 허기를 느낄 때까지 공복을 유지하면 부자연스럽거나 건강하지 않은 음식이 당기지 않을 것이다. 아침 7시부터 정오까지 도끼를 휘두른 나무꾼이 집에 돌아와 크림 과자와 사탕을 달라고 말할 가능성은 적다. 돼지고기와 콩, 쇠고기스테이크와 감자, 옥수수빵과 양배추처럼 단순하지만 든든한 음식을 먹고 싶어 하는 나무꾼에게 호두 몇 알과 상추 한 접시를 내주면 당황할 것이다. 호두와 상추는 육체노동을 하는 사람에게는 자연스러운 음식이 아니다. 그리고 육체노동을 하는 사람에게 자연스럽지 않은 음식은 다른 사람에게도 자연스러운 음식이 아니다. 직업과 남녀노소를 불문하고 일한 뒤에 찾아오는 진짜 허기를 충족하는 데 필요한 식재료는 이처럼 대개 비슷하다.

또 먹는 사람의 직업을 고려해 식재료를 골라야 한다는 생각은 옳지 않다. 나무꾼은 든든한 음식, 회계사는 가벼운 음식이 필요하다는 생각은 틀렸다. 내가 회계사처럼 머리를 써서 일하는 사람이고 정당한 허기가 찾아올 때까지 공복을 유지했다면 내 몸도 나무꾼과 똑같은 음식을 원할 것이다.

내 몸은 나무꾼의 몸과 똑같은 요소로 이뤄져 있다. 세포를 만드는 데에도 같은 재료가 쓰인다. 나무꾼은 햄, 달걀, 옥수수빵을 먹는데 회계사는 크래커와 토스트를 먹어야 할 까닭은 없다. 물론 나무꾼은 에너지의 대부분을 근육에서 소모하고 회계사는 뇌와 신경세포에서 소비한다. 하지만 나무꾼의 식단에도 뇌와 신경의 재건에 필요한 모든 필수요소가 담겨 있다. 게다가 영양소의 비율도 대부분 가벼운 음식에 들어 있는 것보다 훨씬 이상적이다. 세상에서 가장 위대한 업적을 이룬 사람들을 살펴봐도 모두 대중이 흔히 먹는 평범한 음식을 먹으며 살아온 것을 알 수 있다.

당신이 회계사의 입장에 있다면, 정당한 허기가 찾아오기 전까지 일단 기다리자. 그런 다음 햄, 달걀, 옥수수빵이 먹고 싶다면 얼마든지 먹으면 된다. 그러나 나무꾼이 먹어야 하는 양의 20분의 1만 필요하다는 점을 잊지 말자. 사무직에 종사하는 사람이 소화불량을 겪는 것은 소박하고 든든한 음식을 먹었기 때문이 아니라 육체노동을 하는 사람이나 소화할 수 있을 만큼 많은 양을 먹기 때문이다. 허기를 충족할 정도로만 먹으면 절대 소화불량을 겪을 필요가 없다. 식욕을 만족시킬 만큼 많은 음식을 먹는 것이야말로 소화불량의 원인이다.

다음 장에서 소개하는 방식대로 먹으면 입맛이 자연스러워져 바람직하지 않은 먹을거리는 입에 당기지 않게 될 것이다. 바람직한 먹을거리를 즐기게 되면 무엇을 먹어야 할까라는 불안 섞인 의문 자체를 머릿속에서 털어버리고 마음 편히 원하는 것을 먹을 수 있다. 사실 건강의 관념을 가지려면 그렇게 해야 마땅하다. 입에 무언가를 넣을 때마다 회의와 불안에 시달린다면 건강의 관념을 품을 수 없기 때문이다.

일반적인 중산층 또는 노동 계층의 식탁에 오르는 음식을 올바른 시간에 올바른 방식으로 먹으면 몸에 완전한 영양을 공급할 수 있다. 고기를 먹고 싶으면 먹고, 먹기 싫으면 먹지 말자. 고기를 먹지 않는다고 해서 고기를 대체하는 특별한 음식을 먹어야 한다고 착각하지 말자. 식탁에 고기를 올리지 않아도 완벽하게 잘 살 수 있다.

필요한 영양소를 빼놓지 않고 섭취하겠다며 다양한 식단을 짜려고 고민할 필요도 없다. 중국인과 인도인은 대부분 쌀을 기반으로 하는 단조로운 식단으로 생활하지만 몸과 마음이 모두 잘 발달했다. 스코틀랜드인은 귀리 비스킷, 아일랜드인은 감자와 돼지고기를 주로 먹어왔지만 신체적으로나 정신적으로 모두 강인하다. 밀에는 머리와 몸을 구성하는 데 필요한 거의 모든 영양소들이 들어 있다. 사람은 흰 강낭콩만 먹어도 문제없이 살 수 있다.

정당한 허기를 느끼기 전까지는 절대 먹지 말자. 잠시 배고픈 상태로 있어도 해로울 것은 전혀 없지만, 배고프지 않을 때 먹는 것은 언제나 해롭다는 사실을 잊지 말자. 무엇을 먹어야 할지 조금도 고민하지 말자. 그냥 눈앞에 차려진 것, 자신의 입맛에 가장 잘 맞는 것, 자신이 원하는 것을 먹자. 자신이 원하는 음식을 먹는 것은 굉장히 손쉬운 일이다. 원하는 음식을 올바른 방식으로 먹으면 완벽한 결과가 찾아올 것이다. 다음 장에서 올바른 방식으로 먹는 방법을 살펴보자.

11장

먹기 III:
어떻게 먹을까

사람은 음식을 씹어 먹는 것이 자연스럽다는 주장은 이제 정설로 굳어졌다. 개를 비롯한 다른 동물처럼 인간도 음식을 씹지 않고 삼켜야 한다는 주장은 더 이상 지지를 받지 못하고 있다. 누구나 음식을 씹어 먹어야 한다는 사실을 알고 있다. 음식을 씹어 먹는 것이 자연스러운 일이라면 많이 씹는 것은 더욱 자연스러운 일일 것이다. 음식을 입에 넣을 때마다 죽 상태가 되도록 씹는 습관을 갖고 있다면 평범한 어떤 음식을 먹어도 충분한 영양분을 얻을 수 있다. 당연히 무엇을 먹어야 좋을지는 신경 쓰지 않아도 된다.

음식을 씹는 것이 지루하고 힘든 노동일지, 아주 즐거운 과정일지는 어떤 마음으로 식탁에 앉느냐에 따라 좌우된다. 마음이 심란하거나 사업 또는 집안일 때문에 걱정하고 있다면 음식을 씹지도 않고 삼키는 일이 잦을 것이다. 사업이나 집안에 대해 걱정할 일이 없어질 만큼 절대 방식을 충분히 실천하며 살도록 하자. 누구나 충분히 가능한 일이다. 그리고 식탁에 앉아 있을 때에는 절대 방식대로 다른 생각을 하지 말고 먹는 데만 집중하자.

식사를 할 때에는 식사에서 얻을 수 있는 모든 즐거움을 누리겠다는 목표에 집중하자. 머릿속에서 다른 모든 생각을 지우고, 식사가 끝날 때까지 다른 데 정신을 팔지 말고 음식과 맛에만 주의를 집중하는 것이다. 유쾌하고 확신에 찬 태도를 견지하자. 지금까지의 지침을 따랐다면 지금 먹고 있는 음식이 완벽하게 올바른 음식이며, 당신과 완벽하게 잘 맞는다는 확신이 생겼을 것이다.

유쾌하고 확신에 찬 태도로 식탁에 앉아 적당량의 음식을 덜어 먹자. 가장 먹고 싶은 것을 먹으면 된다. 몸에 좋을 성싶은 음식만을 골라 먹지 말자. 입에 맞는 음식을 고르자. 건강해지려면 건강에 좋기 때문이 아니라 먹고 싶은 마음이 들기 때문에 먹어야 한다. 가장 원하는 음식을 고르자. 음식을 완벽하게 소화할 수 있도록 먹는 방법을 배웠다는 데 감사하면서 알맞은 양을 입에 넣자.

음식을 씹는 행동에 주의를 집중하지 말자. 음식의 맛에 집중하자. 음식이 죽 상태가 돼 억지로 삼키지 않아도 목으로 자연스레 넘어갈 때까지 맛을 느끼고 즐기자. 시간이 오래 걸리더라도 신경 쓰지 말자. 맛을 생각하자. 다음에는 무엇을 먹을지 생각하며 눈으로 식탁을 훑어보지 말자. 음식이 모자랄까 봐 또는 모든 음식을 맛보지 못할까 봐 걱정하지 말자. 다음에 먹을 음식의 맛은 어떨까 상상하지 말자. 지금 입안에 있는 음식의 맛에 온 정신을 집중하자. 그것이면 충분하다.

음식을 씹지도 않고 삼키던 예전의 나쁜 습관을 극복하고 나면, 이처럼 건강하게 먹는 것은 무척 즐거운 과정이다. 먹는 동안에는 지나치게 많은 대화를 하지 않는 편이 좋다. 활기 찬 태도를 유지하되 수다를 떠는 것은 금물이다. 대화는 식사를 마친 뒤에 하자.

대부분의 경우 올바르게 먹는 습관이 형성되려면 어느 정도 의지를 발휘해야 한다. 음식을 씹지 않고 삼키는 부자연스러운 습관은 걱정거리 때문에 생기는 경우가 많다. 내 몫의 음식을 다른 사람이 다 먹어버리는 것은 아닐지, 귀중한 시간을 먹는 데 너무 많이 빼앗기는 건 아닐지 걱정하지 말자. 또 간혹 맛있는 디저트를 얼른 먹고 싶은 마음에 음식을 빨리 삼키기도 한다. 정신을 놓은 채 아무 생각 없이 먹거나 먹는 동안 머릿속이 다른 생각으로 분주할 때에도 같은 문제가 생긴다. 이런 원인을 모두 극복하자.

스스로 정신이 산만한 상태라는 것을 자각했다면 먹는 것을 일단 멈추자. 그런 다음 음식의 맛, 완벽한 소화, 식사 후의 흡수 과정을 잠시 떠올리고 다시 먹기 시작하자. 잠시 멈췄다가 다시 시작하는 것을 반복하자. 한 끼 식사를 하는 동안 이 같은 과정을 스무 번 반복해도 된다. 잠시 멈췄다가 다시 시작하자. 몇 주, 몇 달간 매 끼니마다 그렇게 해야 할지라도 꼭 거쳐야 하는 과정이다. 지치지 말고 실천하다 보면 공복일 때 음식을 충분히 씹어 먹어야 하는 플레처식 습관이 분명 몸에 익을 테고, 지금까지 알지 못했던 건강한 기쁨을 누리게 될 것이다.

지금 소개한 지침은 무척 중요하므로 당신의 머릿속에 충분히 새겨두길 바란다. 적절한 재료로 만든 음식을 완전히 씹어 먹으면 건강의 섭리가 당신에게 완벽하게 건강한 몸을 가져다준다. 여기서 제시한 방법만큼 음식을 완벽하게 소화할 수 있는 방법은 없다. 완벽한 건강을 손에 넣고 싶다면 이런 방법으로 먹어야 한다. 당신도 할 수 있다. 약간의 끈기만 있으면 된다.

음식을 씹지도 않고 삼키는 행동을 멈추는 간단한 일조차 할 수 없다면 자제력에 관해 설명하는 것은 시간낭비다. 15~20분에 지나지 않는 짧은 시간 동안, 게다가 맛을 음미하는 기쁨이 있는데도 불구하고 먹는 행동에 온전히 정신을 집중할 수 없다면 집중력이라는 단어를 입에 올릴 필요조차 없다. 일단 시도해보고 습관을 들이자. 몇 주, 길어야 몇 달만 지나면 절대적으로 올바른 섭식 습관이 정착되는 것을 확인할 수 있다. 그런 다음에는 정신적으로나 신체적으로나 최고의 상태를 유지하게 될 테고, 예전의 나쁜 방식으로 돌아가지 않을 것이다.

앞서 말했듯 완벽한 건강만을 생각하면 신체 활동 또한 건강하게 유지된다. 그리고 건강을 생각하려면 의식적 활동을 건강한 방식으로 수행해야 한다. 의식적 활동 중에서 가장 중요한 것은 먹기다. 지금까지 봤다시피 완벽하게 건강한 방식으로 먹는 것은 전혀 어렵지 않다. 언제, 무엇을, 어떻게 먹는지에 대한 지침과 근거를 아래에 정리해뒀다.

아무리 오랫동안 먹지 않았더라도 정당한 허기가 찾아올 때까지는 절대 먹지 말자. 몸이 먹을 것을 원하고 소화할 힘이 있을 때에는 무의식이 허기를 일으켜 음식이 필요하다는 신호를 보낼 것이다. 순수한 허기와 부자연스러운 식욕으로 인한 갈망을 분별하는 법을 배우자.

허기는 절대 힘이 빠지거나 어지럽거나 속이 쓰리는 등의 불쾌한 느낌을 주지 않는다. 정당한 허기는 음식을 향한 기대감에 찬 즐거운 느낌이며, 대부분 입과 목에서 느낄 수 있다. 일정한 시간이나 간격을 두고 허기가 들지는 않는다. 허기는 무의식이 음식을 받아들여 소화시키고 흡수시킬 준비가 됐을 때에만 찾아온다.

자신이 원하는 음식은 뭐든 먹어도 좋다. 당신이 살고 있는 기후대에서 보편적으로 먹는 것 중에서 고르면 된다. 궁극의 지성이 인도하는 대로 사람들이 스스로 선택한 적절한 먹을거리는 누가 먹어도 적합하다. 식욕이나 왜곡된 입맛을 만족시키기 위해 여러모로 손을 쓴 음식이 아니라 허기를 만족시키기 위한 음식을 의미한다. 신은 인류가 허기를 충족시키는 데 적합한 여러 먹을거리를 본능적으로 찾아 먹도록 사람들을 인도한다. 신은 잘못을 저지르지 않는다. 이런 음식을 먹으면 잘못될 일이 없다.

유쾌하고 확신에 찬 태도로 음식을 먹고, 한입 먹을 때마다 음식의 맛에서 느낄 수 있는 모든 기쁨을 누리자. 작은 조각 하나하나를 죽 상태가 될 때까지 씹고, 그 과정을 즐기는 데 정신을 집중하자. 이것이야말로 음식을 완벽하고 성공적으로 먹는 유일한 방식이다.

무엇이든 완전히 성공적인 방식으로 실천하면 결과물 또한 성공적이다. 건강을 손에 넣는 법칙은 부를 쌓는 법칙과 같다. 행동 하나하나를 성공적으로 해내면, 그 행동이 쌓여 생겨난 결과물도 성공적일 수밖에 없다. 지금까지 설명한 완벽하고 성공적인 방식대로 음식을 먹는다면 그것으로 충분하다. 성공적으로 먹으면 소화, 흡수, 건강한 몸을 만들어가는 과정 또한 성공적으로 시작되는 셈이다. 이제 얼마나 많은 양의 음식을 먹어야 하는가에 대한 답을 찾을 차례다.

12장

알맞게 먹어라

얼마나 먹어야 할까라는 의문에 대한 옳은 답을 찾기란 무척
쉽다. 정당한 허기가 찾아올 때까지 절대 먹지 말고, 허기가 누그
러지는 느낌이 드는 순간에 그만 먹으면 된다. 절대 많이 먹지도,
배부르게 먹지도 말자. 충분히 먹기 전까지는 계속 허기가 들기
마련이다. 허기가 충족됐다는 느낌이 들면 충분히 먹었다고 생각
하면 된다. 앞 장의 지침대로 먹는다면 평소 먹던 양의 절반만 먹
어도 만족스러울 것이다. 음식이 남아도 개의치 말고 숟가락을 놓

자. 후식이 아무리 먹음직스럽고 파이나 푸딩이 당겨도 그전까지 먹은 다른 음식이 허기를 누그러뜨렸다고 느껴진다면 한입도 더 먹지 말자.

허기가 누그러진 다음에 먹는 음식이 무엇이든 입맛과 식욕을 만족시킬 뿐 몸에는 필요하지 않다. 과식이자 방탕한 행동이며 반드시 나쁜 결과로 이어진다. 허기가 누그러진 느낌은 무의식이 이제 그만 먹을 때라고 알려주는 신호다.

이때 특별히 주의해야 한다. 누구나 순수한 감각적 만족만을 위해 먹는 뿌리 깊은 습관을 갖고 있기 때문이다. 디저트나 단것은 허기가 충족된 뒤에도 계속 먹게끔 고안된 것이며 좋지 못한 결과를 불러온다. 파이와 케이크가 해로운 음식이라는 뜻은 아니다. 파이도 케이크도 식욕의 만족이 아니라 허기의 충족을 위해 먹는다면 대부분 건강한 음식이다.

파이, 케이크, 페이스트리, 푸딩이 먹고 싶다면 식사할 때 케이크부터 먼저 먹은 다음 소박하고 맛이 덜한 음식으로 마무리하자. 그러나 앞 장의 지침대로 먹으면 소박한 음식에서도 풍부한 맛을 느낄 수 있다. 몸 상태가 전반적으로 나아지면 당신의 미각 또한 다른 모든 감각과 마찬가지로 민감해져 흔한 음식에서도 새로운 기쁨을 느낄 수 있다.

허기를 충족시키고자 먹는 사람은 한입 먹을 때마다 최선을 다해 음미하고 허기가 누그러지면 숟가락을 놓는다. 폭식을 하는 사람은 허기를 충족시키고자 먹는 사람만큼 식사를 완전히 즐기지 못한다.

이런 방식을 실천해보면 몸을 완벽한 상태로 유지하는 데 필요한 먹을거리의 양이 생각보다 한참 적다는 사실을 알고 무척 놀라게 될 것이다. 필요한 음식의 양은 대개 직업에 좌우된다. 일할 때 근육을 얼마나 많이 쓰고 얼마나 추운 환경에 노출되는지에 따라 음식의 양은 달라진다.

겨울에 숲에 들어가 종일 도끼를 휘둘러 나무를 베는 나무꾼이라면 두 끼를 배부르게 먹어도 된다. 그러나 종일 따뜻한 방에서 의자에 앉아 머리를 굴리며 일하는 사람은 나무꾼이 먹는 양의 3분의 1, 때로는 10분의 1만 먹어도 충분하다. 그러나 나무꾼은 대개 몸에 필요한 양의 두세 배, 대부분의 사무직은 세 배에서 열 배나 많은 양을 먹는다. 이렇게 엄청난 양의 잉여분을 처리하려면 생명력에 부담이 따르고 시간이 흐르면서 몸의 에너지가 고갈돼 질병의 쉬운 먹잇감이 된다. 음식의 맛에서 가급적 모든 기쁨을 누리되 어떤 음식이든 단순히 맛있다는 이유만으로 먹는 것은 절대 금물이다. 허기가 누그러지는 순간 식탁을 뜨자.

잠깐만 생각해보면 먹을거리를 둘러싼 온갖 문제를 해결하려면 여기 나온 계획을 실천하는 것 이외에 다른 답은 없다는 것을 깨닫게 될 것이다.

언제 먹는 것이 적절할까? 답은 하나다. 정당한 허기를 느낄 때면 언제든 먹어도 된다. 그리고 그 외의 시간에는 먹지 말아야 한다.

무엇을 먹는 것이 적절할까? 각자 살고 있는 기후대의 주된 식재료를 먹는 것이 불변의 지혜다. 당신이 사는 기후대의 주된 먹을거리야말로 당신에게 맞는 음식이다. 그리고 사람들의 의식 안에 존재하는 불변의 지혜는 조리 등의 방법을 통해 먹을거리를 먹기 좋게 만드는 법을 인류에게 전해줬다.

어떻게 먹으면 좋을까? 우리는 모두 음식은 씹어 먹어야 한다는 사실을 익히 알고 있다. 이왕이면 철저하고 완전하게 씹을수록 좋다.

어떤 분야에서든 성공을 이루려면 각각의 행동을 성공적으로 수행해야 한다. 사소한 행동을 모두 성공적으로 해내면 하루 전체도 성공적일 것이다. 나아가 매일의 행동을 성공적으로 해내면 삶 전체 또한 성공적일 것이다. 수많은 사소한 일들을 성공적으로 해낼 때 위대한 성공을 이룰 수 있다.

마찬가지로 당신이 떠올리는 모든 생각이 건강한 생각이고 삶의 모든 행동을 건강하게 수행한다면 당신은 곧 완벽한 건강을 갖게 될 것이다. 한입 먹을 때마다 죽 상태가 될 때까지 씹고 맛을 완전히 즐기고 유쾌하고 확신에 찬 태도를 견지하는 것이야말로 가장 완벽하고 건강하게 음식을 먹는 방법이다. 이 과정에서 하나라도 더하거나 뺀다면 완벽한 건강을 누릴 수 없을 것이다.

얼마나 먹으면 될까? 앞서 제안한 지침만큼 자연스럽고 안전하며 신뢰할 만한 답은 없다. 허기가 누그러지는 순간 그만 먹으면 된다. 무의식은 몸에 음식이 필요할 때와 더 이상 필요치 않은 때를 알려준다. 그러므로 무의식의 신호를 믿고 따르도록 하자. 허기를 누그러뜨리기 위해서만 먹고 식욕을 만족시키기 위해서는 한입도 먹지 않는다면 절대 과식하지 않을 것이다. 또 정당한 허기를 느낄 때만 먹는다면 언제나 적절한 양을 먹게 될 것이다. 다음 장에 정리한 내용을 주의 깊게 읽어보길 바란다. 건강하게 먹는 법은 복잡하지 않고 단순하다는 사실을 알게 될 것이다.

자연스러운 방식으로 마시는 것에 관한 문제는 길게 설명할 필요가 없다. 완벽하고 절대적인 방식을 따르려면 물 이외의 다른 음료는 마시지 말도록 하자. 목이 마를 때면 언제든 마시고, 갈증이 누그러지면 그만 마시자. 그러나 먹을 것을 올바른 방식으로 먹는다면 음료를 마실 때에는 지나치게 금욕적으로 행동하지 않아도 된다. 연한 커피 정도는 가끔 마셔도 해롭지 않다. 적당한 선에서 주변 사람들의 관습을 따라도 된다. 탄산음료를 습관처럼 마시는 것은 그만두자. 입을 만족시키려고 달콤한 음료를 마시는 것도 금물이다.

갈증이 난다면 꼭 물을 마시자. 갈증이 날 때 물을 마시지 않거나 아무 생각도 하지 않거나 빨리 마시려고 서두르지 말자. 이 법칙을 따르면 이상하고 부자연스러운 음료에 거의 끌리지 않게 될 것이다. 갈증의 충족을 위해서만 마시자. 갈증이 느껴질 때면 언제든 마시고, 갈증이 누그러지면 그만 마시자. 이것이야말로 신체 활동에 필요한 수분을 조달하는 건강한 방식이다.

13장

자신의 뜻에 따라
먹어라

우주의 공간을 충만하게 채우며 만물에 내재된 우주적 생명이 존재한다. 이 생명은 진동이나 에너지가 아니라 살아 있는 본질이다. 만물은 본질에서 비롯된다. 본질은 만물 그 자체다.

본질은 생각하며 스스로 떠올린 생각의 형체를 만들어낸다. 본질이 형체를 생각하면 형체가 만들어지고 흐름을 생각하면 흐름이 생겨난다. 우리 눈에 보이는 우주는 태초의 본질이 떠올린 생각이 만들어낸 형체와 활동으로 가득한 존재다.

사람은 태초의 본질이 빚어낸 한 형태이며 스스로 생각할 수 있다. 그리고 자신의 몸이 속한 범주 내에서 사람의 생각은 활동을 제어하거나 형체를 만들어낼 힘을 지닌다. 어떤 상태를 생각하면 몸은 그 상태가 되며 어떤 흐름을 생각하면 그 흐름이 생겨난다. 질병의 상태나 흐름을 생각하면 몸 안에 질병의 상태나 흐름이 존재하게 된다. 반면 완벽한 건강만을 생각하면 몸에 내재된 건강의 섭리가 정상적인 몸 상태를 유지해줄 것이다.

건강해지려면 완벽한 건강의 관념을 형성하고 자기 자신과 만물에 관해 생각할 때 그 관념과 조화를 이루는 생각만을 해야 한다. 건강한 상태와 신체 활동만을 떠올려야 하며 건강하지 않거나 비정상적인 상태나 신체 활동에 관한 생각은 한시라도 머릿속에 들여놓지 말아야 한다.

건강한 상태와 신체 활동만을 생각하려면 삶의 의식적 활동을 건강한 방식으로 바꿔나가야 한다. 스스로 건강하지 않은 잘못된 방식으로 살고 있다는 사실을 알거나 자신이 과연 건강한 방식으로 살고 있는지 의문을 품는 한 완벽한 건강을 생각할 수는 없다. 아픈 사람처럼 의식적 활동을 수행하는 동안에는 누구도 완벽한 건강의 관념을 떠올리지 못한다. 여기서 의식적 활동이란 먹기, 마시기, 숨쉬기, 자기를 가리킨다. 건강한 상태와 신체 활동만을 생각하고 외부 활동을 완벽하게 건강한 방식으로 해낸다면 완벽한 건강을 누릴 수 있다.

먹는 문제에 관해서는 허기를 따르는 법을 배워야 한다. 허기와 식욕을 구별하고 습관 때문에 울리는 배꼽시계와 진짜 허기를 분별할 수 있어야 한다. 정당한 허기를 느끼기 전에는 절대 먹지 않는 것이 원칙이다. 순수한 허기는 자연스러운 숙면을 취한 다음에는 절대 찾아오지 않는다는 사실과 아침 일찍 일어나자마자 밥 생각이 나는 것은 전적으로 습관과 식욕 때문이라는 것을 알아둬야 한다.

자연의 법칙을 거슬러서 배고프지도 않은데 아침 식사를 먹으며 하루를 시작하는 습관은 좋지 않다. 정당한 허기가 찾아올 때까지 기다리는 것이 바람직하다. 대부분의 경우 정오 즈음에 첫 끼를 먹으면 된다. 몸 상태, 직업, 상황에 상관없이 정당한 허기가 찾아오기 전에는 절대 음식을 입에 넣지 않는 것을 원칙으로 삼아야 한다.

허기가 느껴지기 전에 먹기보디 허기기 느껴져도 몇 시간 동안 공복을 유지하는 편이 훨씬 낫다는 사실도 기억하자. 고된 일을 하는 사람도 몇 시간가량 속을 비워둔다고 해서 몸에 해롭지 않다. 하지만 허기가 느껴지지도 않는데 배를 채우는 습관은 언제나 몸에 해롭다. 정당한 허기가 찾아왔을 때에만 먹는다면 완벽하게 건강한 방식으로 살고 있다고 확신해도 좋다. 생각해보면 당연한 답이다.

무엇을 먹느냐는 문제에 관해서는 궁극의 지성을 따르면 된다. 우주적 존재는 사람들이 자신이 사는 기후대의 주식을 먹고 살도록 정해뒀다. 신을 믿고 음식을 둘러싼 온갖 이론은 무시하자. 익힌 음식과 생식, 채식과 육식, 탄수화물과 단백질의 상대적 장점을 둘러싼 모든 논란에는 털끝만큼의 관심도 기울이지 말자. 정당한 허기를 느낄 때만 먹고, 자신이 속한 기후대의 사람들이 주로 먹는 보편적인 음식을 먹으면 된다. 그리고 좋은 결과가 있을 거라고 확신하자. 장담하건대 결과는 좋을 것이다.

호사스러운 음식, 미각을 유혹하려고 만든 음식이나 수입 식료품을 찾아 나서지는 말자. 소박한 음식을 먹고, 만약 음식이 맛없게 느껴진다면 맛있게 느껴질 때까지 속을 비우자. 가벼운 음식, 소화하기 쉬운 음식, 건강식을 찾아 헤매지도 말자. 농부와 노동자가 먹는 음식을 먹자. 그러면 완벽하게 건강한 방식을 실천하는 셈이다.

다시 말하지만 허기가 느껴지거나 소박한 음식이 입에 당기지 않는다면 먹지 말자. 허기가 찾아올 때까지 기다리자. 가장 소박한 음식이 맛있게 느껴질 때까지 먹지 않으면 된다. 그런 다음 식사를 시작할 때에는 가장 좋아하는 음식을 먼저 먹자.

어떻게 먹을 것인지를 고민할 때는 단순한 논리를 따르면 된다. 일이나 다른 문제에 골몰하느라 조급해하고 심란해진 상태에서 음식을 먹으면 지나치게 빨리 먹고 충분히 씹지 않는 습관이 몸에 밴다. 음식은 씹어 먹어야 하는 것이며 완전하게 씹을수록 소화기관이 쉽게 음식물을 처리할 수 있다.

다른 데 한눈팔지 않고 먹는 과정에 충분히 집중하며 음식이 죽 상태가 될 때까지 잘 씹어 천천히 먹는 사람은 다른 생각에 빠져 음식을 통째로 삼키는 사람보다 맛이 주는 기쁨을 충분히 누릴 수 있다. 건강한 방식으로 먹으려면 유쾌하고 확신에 찬 태도로 먹는 과정에 주의를 집중해야 한다. 음식을 맛보고 한입거리의 음식을 입에 넣으면 죽 상태가 될 만큼 씹은 다음에 삼키자. 이 지침을 잘 따르면 완벽한 방식으로 먹을 수 있다. 언제, 무엇을, 어떻게 먹어야 할지 고민이라면 더도 덜도 말고 이렇게만 실천하면 된다.

얼마나 많이 먹을 것인지에 대한 문제에서는 언제 음식을 먹어야 할지 일러주는 내면의 지성, 즉 건강의 섭리를 따르면 된다. 허기가 누그러진 순간 그만 먹자. 허기가 사라졌는데도 식욕을 만족시키느라 계속 먹는 것은 좋지 않다. 음식을 향한 내면의 요구가 멈추는 순간 먹는 것을 멈추면 절대 과식할 일이 없다. 이렇게 하면 몸에 영양분을 공급하는 활동 또한 건강한 방식으로 이뤄질 것이다.

자연스러운 방식으로 먹는 법은 무척 간단하다. 앞에서 제시한 지침은 누구나 손쉽게 따를 수 있는 내용들이다. 이 방식을 실천해보면 소화와 흡수 과정이 완벽하게 이뤄질 것이다. 그리고 먹는 행위를 둘러싼 모든 불안과 고민을 한순간에 머릿속에서 털어버릴 수 있을 것이다. 정당한 허기가 찾아오면 감사하는 마음으로 눈앞에 차려진 음식을 먹고, 입에 넣은 음식은 죽 상태가 될 때까지 씹고, 허기가 누그러지는 것을 느끼는 순간 그만 먹자.

정신적 태도의 중요성에 대해 한마디 덧붙여야겠다. 먹을 때에는 항상 건강한 상태와 정상적인 신체 활동만을 생각하자. 음식을 즐기자. 식탁에서 대화할 때에는 음식의 장점과 기쁨에 관해 이야기하자. 어떤 음식이 마음에 들지 않는다고 말하지 말자. 좋아하는 음식에 관해서만 말하자. 어떤 음식이 건강에 좋고 나쁜지 왈가왈부하지 말자. 건강에 좋지 않은 음식에 대해서는 아예 말하지도 생각하지도 말자. 먹고 싶지 않은 음식이 놓여 있다면 잠자코 먹지 않거나 칭찬의 말을 하고서 입에 대지 말자. 그 무엇에 대해서도 비난하거나 반대하지 말자. 우주적 존재에 감사하는 마음만을 지니고 기쁜 마음으로 먹자. 인내를 신조로 삼고 잘못된 생각이나 말을 하며 급히 먹는 예전의 습관으로 돌아갈 듯하다면 먹기를 잠시 멈췄다가 다시 먹기 시작하자.

무엇보다 자제력을 발휘하고 자신의 뜻에 따르는 사람이 되는 것이 중요하다. 먹는 것처럼 간단하고 근본적인 문제를 제어하지 못한다면 절대로 온전하게 자신을 조절할 줄 아는 사람이 될 수 없다. 음식과 같은 사소한 문제에서 자제력을 발휘하지 못한다면 더 큰 의미가 있는 일에서도 자신을 누르지 못할 것이다. 앞의 지침을 따르면 올바른 생각과 섭식에 관한 한 절대적으로 올바른 방식으로 살고 있다고 안심해도 좋다. 이와 더불어 다음 장에서 다룰 지침을 실천한다면 곧 완벽한 건강을 얻을 수 있을 것이다.

14장

제대로 숨 쉬어라

호흡은 생존에 꼭 필요하며 생명의 유지와 직접적으로 연관이 있다. 사람은 자지 않고도 몇십 시간 동안 버틸 수 있고 먹거나 마시지 않아도 며칠간 살 수 있지만 단 몇 분간만 숨을 쉬지 못해도 죽는다. 숨을 쉬는 행동은 무의식적으로 이뤄진다. 그러나 올바르게 숨 쉬는 방식을 익히고 건강하게 호흡하기 위한 환경을 조성하는 것은 의지에 달려 있다. 무엇을 호흡하고 얼마나 깊이 호흡할지는 자의적으로 결정할 수 있으며, 완벽하게 숨 쉴 수 있는 물리적 환경 또한 자신의 뜻에 따라 마련할 수 있다.

건강한 방식으로 호흡하려면 호흡에 관련된 신체기관을 좋은 상태로 유지해야 한다. 등을 쭉 펴고 가슴의 근육을 유연하고 자유롭게 움직일 수 있도록 하자. 어깨를 지나치게 움츠리거나 가슴을 옥죄거나 굳은 상태로 유지하면 제대로 호흡할 수 없다. 평소 어깨를 움츠린 채 앉거나 서거나 물건을 들면 가슴이 푹 꺼지게 된다.

일을 할 때는 보통 어깨를 안쪽으로 움츠리고 등을 구부리고 가슴을 납작하게 만드는 자세를 유지하기 마련이다. 그러나 가슴이 지나치게 꺼지면 깊이 호흡할 수 없으며 완벽한 건강과도 멀어진다.

일하는 동안 움츠러든 어깨를 다시 펴기 위해 다양한 체조가 고안됐다. 철봉을 잡고 매달린다거나 의자에 앉아 발을 무거운 물건이나 가구 아래 넣고 머리가 바닥에 닿을 때까지 뒤로 몸을 펴는 등의 운동이 대표적이다. 각각의 운동마다 장점이 있지만 조금이나마 몸에 실질적인 변화가 찾아올 만큼 오래도록 규칙적으로 운동을 실천하는 사람은 찾아보기 힘들다. 원래 건강을 위한 운동은 번거로운 법이다. 다행히 그보다 훨씬 자연스럽고 간단한 방법이 있다.

바로 몸을 쭉 펴고 심호흡을 하는 것이다. 나는 몸을 완벽하게 쭉 뻗는 사람이라는 이미지를 머릿속에 그려보자. 그런 생각이 들 때마다 가슴을 펴고 어깨를 뒤로 당기고 몸을 쭉 뻗자. 동시에 천천히 숨을 들이마셔서 폐를 최대한 가득 채우자. 그런 다음에는 어깨 사이의 척추를 앞으로 당기고 편안히 숨을 내쉬자.

이 운동법은 가슴을 부풀리고 유연한 상태로 유지하는 데 큰 도움이 된다. 몸을 쭉 펴고 폐를 숨으로 가득 채우고 가슴을 쭉 늘리며 등뼈를 똑바로 편 채 편안히 숨을 내쉬자. 언제 어디서나 습관이 들 때까지 반복하자. 누구나 어렵지 않게 실행할 수 있다.

문밖을 나서서 신선하고 맑은 공기를 쐴 때마다 숨을 쉬자. 일하면서 나 자신과 자세에 대해 생각할 때마다 숨을 쉬자. 누군가와 함께 있을 때에도 수시로 숨을 쉬자. 밤에 잠이 깼을 때에도 숨을 쉬자. 어디에 있든, 무엇을 하든 간에 생각이 떠오를 때마다 몸을 쭉 펴고 숨을 쉬자. 걸어서 출퇴근을 한다면 걷는 내내 숨 쉬어보자. 곧 일상의 즐거움이 될 테고, 건강 때문이 아니라 기분이 좋아서 계속하게 될 것이다.

건강을 위한 운동이라 생각하지 말자. 건강을 위해 운동이나 체조를 따로 시간을 내어 할 필요는 없다. 억지로 운동을 하려고 들면 지금 자신이 병에 걸린 것처럼 인식하게 된다. 운동은 건강을 위해 하는 것이라 생각하는 사람들은 언제나 아픈 상태를 고려하기 마련이다. 등을 쭉 펴고 강건한 태도를 유지하는 것은 건강이 아니라 자부심의 문제로 받아들여야 한다. 얼굴을 깨끗이 유지하는 것과 같은 문제다.

손을 깨끗이 관리하고 손톱을 손질하는 것과 같은 이유로 허리를 쭉 펴고 가슴을 내밀고 유연하게 유지하자. 올바르고 자연스럽게 호흡하지 않으면 아무렇게나 사는 것처럼 보이기 쉽다. 현재나 미래에 찾아올 수 있는 질병에 관해 생각하지 말고 그냥 숨을 쉬자. 눈에 거슬리는 구부정한 자세로 돌아다니지 않으려면 몸을 쭉 펴자. 그러면 자연스럽게 호흡을 잘하게 될 것이다. 건강을 위한 운동에 관한 문제는 다음 장에서 좀 더 다루기로 하자.

단, 반드시 공기를 호흡해야 한다. 인간의 몸은 일반적인 농도의 산소를 포함하고 다른 기체나 오염물질로 많이 더러워지지 않은 공기를 마셔야 한다. 공기가 나쁜 곳에서 살거나 일할 수밖에 없다고 쉽게 체념하지 말자. 집을 제대로 환기할 수 없다면 다른 곳으로 이사하자. 공기가 나쁜 곳에서 일하고 있다면 이직하자. 『부자의 자기확신』에 나오는 방식을 실천한다면 충분히 가능한 일이다. 나쁜 공기를 감수하고 일하려는 사람이 없어진다면 고용주는 곧 모든 작업장을 제대로 환기시킬 방법을 찾아 나설 것이다.

최악의 공기는 호흡으로 인해 산소가 고갈된 공기다. 교회나 극장처럼 많은 사람이 밀집된 공간에서는 산소가 빠르게 소모되고 깨끗한 공기가 충분히 공급되지 않는다. 두 번째로 나쁜 공기는 산소와 질소 외의 다른 기체가 포함된 공기다. 하수구나 썩는 물체 때문에 악취에 찌든 공기가 대표적이다. 그에 비하면 먼지나 유기물질 입자로 가득한 공기가 오히려 더 견디기 쉬울 수 있다. 인간의 폐는 유기물질의 작은 입자를 걸러주지만, 기체는 곧장 혈류로 스며들기 때문이다.

공기는 우리 몸에서 받아들이는 것 중에서 가장 살아 있는 것이다. 숨을 쉴 때마다 수백만 개의 미생물이 들어오며 그중 다수가 우리 몸과 동화된다. 흙, 풀, 나무, 꽃, 식물이나 음식을 요리할 때 나는 냄새는 원천이 되는 물질의 미세한 입자들이다. 너무 작아서 종종 폐에서 곧장 혈류로 들어가 소화과정 없이 동화된다.

대기는 생명 그 자체인 태초의 본질로 충만하다. 그 사실을 숨을 쉴 때마다 의식적으로 떠올리고 생명을 들이마신다고 생각하자. 실제로도 그렇다. 의식적으로 그 사실을 인지하면 제대로 호흡하는 데에도 도움이 된다. 해로운 기체로 오염된 공기를 호흡하거나 당신 자신이나 다른 사람들이 호흡하고 난 공기를 다시 들이마시지 않도록 주의하자.

올바르게 숨 쉬는 법에 관한 지침은 여기까지다. 등을 쭉 펴고 가슴을 유연하게 유지하며 영원한 생명을 들이마신다는 사실을 감사한 마음으로 인지하면서 맑은 공기를 호흡하자. 어렵지 않은 일이다. 올바르게 숨 쉬는 법에 대해 생각할 때를 제외하면 호흡을 신경 쓰지 않고 생활하면 된다.

15장

잘 자야 한다

생명의 힘은 자는 동안 재충전된다. 살아 있는 모든 것은 잠을 잔다. 사람, 동물, 파충류, 물고기, 곤충도 잠을 자며 심지어 식물도 주기적으로 잠을 잔다. 자는 동안 대자연이 품고 있는 생명의 섭리와 접하면서 생명력을 회복하기 때문이다. 사람의 뇌는 자는 동안에 생명의 에너지로 재충전되고 몸 안에 지니고 있는 건강의 섭리도 새로이 힘을 얻는다. 무엇보다 자연스럽고 정상적이며 완벽하게 건강한 방식으로 자는 것이 중요하다.

잠에 대해 연구하다 보면 깨어 있을 때보다 자고 있을 때의 호흡이 훨씬 깊고 힘차며 규칙적이라는 사실을 알 수 있다. 생명체는 깨어 있을 때보다 훨씬 많은 공기를 자는 동안 들이마신다. 즉 건강의 섭리가 몸을 재생하고자 할 때 공기 중의 어떤 요소가 더 많이 필요하다는 의미다.

잠을 잘 때는 신선하고 맑은 공기를 충분히 공급해야 한다. 폐질환을 치료하는 의사들은 야외의 맑은 공기를 마시며 자면 몸에 좋다고 말한다. 그와 더불어 이 책에 담긴 절대 방식을 실천하면 다른 모든 문제도 효과적으로 치유할 수 있다.

자는 동안 맑은 공기를 확보하는 문제에 관해서는 쉽게 타협하지 말자. 침실을 철저히 환기하자. 야외에서 자는 것과 별다를 바 없을 만큼 충분히 환기하면 된다. 문이나 창문을 활짝 열자. 방 양쪽에 서로 마주 보는 창이 있다면 하나씩 열어두자. 맞바람이 잘 통하지 않는다면 침대 머리맡이 창문 쪽을 향하도록 두자. 추운 날씨라도 창문 하나는 활짝 열어두고, 방 전체에 맑은 공기가 돌도록 하자. 실내가 너무 추워진다면 이불을 겹겹이 덮어 온기를 유지하자. 바깥의 신선한 공기를 충분히 들여놓자. 건강한 수면의 가장 중요한 조건이다.

생명력을 잃은 정체된 공기 안에서 자면 뇌와 신경 중추는 원기를 완전히 회복할 수 없다. 살아 있는 공기, 자연 속 생명의 섭리가 충분히 깃든 공기를 들이마셔야 한다. 다시 말하지만, 절대로 타협해서는 안 되는 문제다.

잠을 자는 방은 완전히 환기를 시키고, 자는 동안 바깥 공기가 방에 흐르도록 하자. 겨울이든 여름이든 잠을 자는 방의 문과 창문을 모두 닫고 잔다면 완벽하게 건강한 방식의 수면이라 볼 수 없다. 가능한 한 신선한 공기 속에서 잠을 자야 한다. 신선한 공기가 없는 곳에 산다면 이사하자. 지금 사는 집의 침실이 환기가 잘 되지 않는다면 다른 집을 구하자.

다음으로 잠들 때의 정신적 태도도 중요하다. 자신이 왜 자는지를 알고 목적의식을 갖고 자는 것이 바람직하다. 잠자리에 누운 채 잠이 곧 생명력을 확실하게 채워주는 수단이라 생각한다. 당신의 힘이 회복될 것이며 생명력이 가득하고 건강한 상태로 일어날 거라 확신하며 잠들자.

음식을 먹을 때와 마찬가지로 잘 때에도 목적의식을 갖자. 누워서 쉬면서 몇 분간 그 진리에 대해 숙고하자. 낙심하거나 우울한 기분으로 잠자리에 들지 말자. 행복한 기분으로 완전해지기 위해 잠자리에 들자. 잠들 때에도 감사를 잊지 말자. 눈을 감기 전 완벽하게 건강해지는 길을 보여준 신께 감사하는 마음을 가득 품고 잠들자. 잠들기 전 감사 기도는 무척 바람직한 일이다. 감사 기도를 하면 잠자리에서 무의식의 침묵을 유지하는 동안 당신 안에 깃든 건강의 섭리가 새로운 힘을 전해주는 원천과 소통하도록 이끌어줄 것이다.

건강하게 자는 방법은 그리 어렵지 않다. 첫째, 잠을 자는 동안 야외의 맑은 공기를 마실 수 있도록 하자. 둘째, 자기 전 몇 분간 감사하는 마음으로 명상함으로써 생명의 본질과 당신 자신을 연결 짓자. 잠과 관련된 간단한 지침을 실천하고, 자신 있고 감사하는 마음가짐으로 잠에 들면 모든 것이 잘될 것이다.

불면증이 있다 해도 걱정하지 말자. 누운 채로 건강의 관념을 떠올리자. 자신의 풍요로운 삶에 감사하는 마음으로 명상하고, 숨 쉬고, 때가 되면 잠이 들 것이라는 완벽한 확신을 품자. 그러면 자신도 모르게 곧 잠에 들게 된다. 불면증은 다른 모든 질환과 마찬가지로 이 책에 담긴 생각과 행동을 통해 완전히 활성화된 건강의 섭리를 깨닫고 나면 더 이상 설 자리가 없어진다.

삶의 의식적 활동을 완벽하게 건강한 방식으로 수행하는 것은 결코 힘겹거나 어렵지 않다. 완벽하게 건강한 방식은 가장 쉽고 단순하며 자연스럽고 즐거운 방식이다.

건강을 일구는 행위는 어려운 기술이나 격한 노동이 아니다. 부자연스러운 관습을 제쳐두고 가장 자연스럽고 즐거운 방식으로 먹고 마시고 숨 쉬고 자면 된다. 건강만을 생각하며 위의 지침을 실천한다면 당신은 분명 건강해질 것이다.

16장

건강의 이미지를
머릿속으로 그려라

건강의 관념을 형성할 때에는 완벽하게 건강하고 튼튼한 상태의 자신이 어떤 모습으로 생활하고 일할 것인지를 떠올려봐야 한다. 건강한 상태의 자신은 어떤 모습일지 뚜렷한 이미지를 떠올릴 수 있을 때까지 완벽하게 건강하고 튼튼한 사람답게 활동하는 자신의 모습을 상상해야 한다. 그런 다음에는 그 이미지와 조화를 이루는 정신적·신체적 태도를 갖추고 그 태도를 항상 견지해야 한다.

생각 속에서 당신이 원하는 것과 하나가 되도록 하자. 생각

속에서 당신 자신과 특정 상태를 융합시키면 몸 또한 그 상태와 하나가 될 것이다. 그러므로 원치 않는 것과의 관계를 모두 끊고 원하는 것과 관계를 맺어나가야 한다. 완벽한 건강의 관념을 형성하고 말·행동·태도로써 그 관념과 당신 자신이 하나가 되도록 하자.

말을 조심하자. 입에서 나오는 말 하나하나가 완벽한 건강의 관념과 조화를 이루도록 하자. "간밤에 잘 못 잤어." "옆구리가 쑤시네." "오늘 컨디션이 별로인 것 같아." 등의 말은 절대 금물이다. 그 대신 이렇게 말하자. "오늘밤 잠이 잘 올 것 같은데." "금방 좋아지는 게 눈에 보이네." 같은 말을 하자. 질병에 관련된 모든 것은 떨쳐버려야 한다. 그리고 건강에 관련된 모든 것이 생각과 말로써 당신과 하나가 되게끔 해야 한다.

모든 법칙을 단순하게 요약하면 다음과 같다.

생각·말·행동을 통해 건강과 당신 자신이 하나가 되도록 하자. 생각·말·행동 중 어느 것을 통해서도 당신과 질병을 연결 짓지 말자.

질병에 관한 책이나 이 책에 담긴 이론과 상충되는 내용의 책은 읽지 말자. 갓 싹을 틔우기 시작한 생명의 절대 방식을 향한 확신을 갉아먹어 다시 질환과 정신적 연결 고리를 맺게 될 뿐이다. 이 책에는 당신에게 필요한 내용이 전부 들어 있다. 필수적인 내용은 하나도 빼놓지 않았고 불필요한 내용은 모두 배제했다. 건강의 법칙은 산수와 마찬가지로 절대적이다. 근본적 절대 방식에 따로 더할 것은 없으며 하나라도 뺀다면 결과는 실패로 돌아갈 것이다. 이 책에 담긴 생활방식을 엄격히 따른다면 반드시 건강해진다. 당신은 생각 면에서나 행동 면에서나 분명 실천할 수 있다.

당신 자신뿐만 아니라 다른 모든 사람을 생각할 때에도 완벽한 건강과 연결 짓도록 하자. 주변 사람들이 불평할 때, 아프거나 괴로워할 때에는 동조하지 말자. 가능하다면 사람들의 생각을 건설적인 방향으로 돌려놓자. 그들을 돕기 위해 당신이 할 수 있는 모든 것을 하되 마음속으로 항상 건강의 관념을 되새기자.

사람들이 당신에게 자신의 고뇌와 두려움을 털어놓고 증상에 대한 이야기를 끝없이 늘어놓도록 두지 말자. 질환에 관한 생각을 떠올리게 되는 것보다는 냉철한 사람 취급을 받는 편이 낫다. 질환이나 그와 비슷한 화제만 입에 올리는 사람과 어울릴 때에는 그들의 말을 무시하고 마음속으로 완벽한 건강을 위한 감사 기도를 올리자.

어떻게 해도 사람들의 생각을 차단할 수 없다면 작별 인사를 하고 그 자리를 뜨자. 상대가 뭐라고 하건 간에 예의를 지키려다 질환에 찌든 생각이나 왜곡된 생각에 물들 필요는 없다. 사람들이 질환에 관해 이야기하고 불만을 늘어놓을 때 그 자리를 뜰 줄 아는 깨달은 사람이 점점 더 늘어난다면 인류는 좀 더 빠르게 건강한 사회로 나아갈 것이다. 사람들이 당신에게 질환에 관해 이야기하도록 둔다면 그 질환이 깊어지는 데 힘을 보태는 것이나 마찬가지다.

통증이 느껴질 때에는 어떻게 해야 할까? 실질적으로 몸에 통증이 느껴질 때에도 건강만을 생각할 수 있을까? 통증이 있어도 건강만을 생각할 수 있다. 통증에 저항하지 말자. 통증은 좋은 것이라 생각하자.

통증은 건강의 섭리가 모종의 부자연스러운 상태를 극복하려는 과정에서 생겨난다. 통증이 느껴질 때에는 그 부위에서 치유 과정이 진행되고 있다고 생각하고 마음을 다해 협조하자. 통증을 일으키는 우주적 존재와 완전한 조화를 이뤄 치유 과정이 잘 진행되도록 돕자. 치유 과정이 잘 진척되도록 온찜질이나 그와 비슷한 수단을 활용하면 도움이 된다. 통증이 심하다면 똑바로 누워 당신을 위해 활동하고 있는 우주적 힘에게 협조하자. 그 순간이야말로 확신과 감사하는 마음을 실천할 때다.

통증을 일으키는 건강의 힘에 감사하고, 치유 과정이 끝나는 순간 통증이 멈추리라 확신하자. 통증이 없는 건강한 상태가 되도록 몸을 치유하고 있는 건강의 섭리에 정신을 집중하자. 얼마나 쉽게 통증을 정복할 수 있는지 깨닫게 된다면 누구라도 놀랄 것이다. 이처럼 절대 방식으로 살면 통증과 고통은 극복할 수 있다.

　일하기에 너무 쇠약해지면 어떻게 해야 할까? 신이 자신을 지탱해주리라 믿고 자신의 역량을 초월해 계속 일해야 할까? 다시 기운이 샘솟길 기다리는 달리기 선수처럼 계속 나아가야 할까? 아니다. 절대로 그렇게 하지 않는 편이 낫다. 절대 방식을 막 실천하기 시작했다면 아직 일반적으로 튼튼한 상태에 이르지 못한 것이다.

　힘과 건강, 그리고 나 자신을 정신적으로 연결 짓고 삶의 의식적 활동을 완벽하게 건강한 방식으로 실천한다면 당신의 몸은 점차 좋아질 것이다. 하지만 한동안은 당신이 하고 싶은 일을 하기에는 힘이 닿지 않는 나날이 있을지 모른다. 그럴 때는 쉬고 감사를 실천하자.

　당신의 힘이 빠르게 늘어나고 있다는 사실을 자각하고 그 힘의 원천인 살아 있는 존재에게 깊은 감사를 느끼자. 위대한 힘이 당신과 맞닿아 있다는 사실을 확신하고 그에 감사하며 쉬자. 한 시간가량 쉬고 난 다음 일어나서 다시 시작하자.

　쉬는 동안에는 현재의 허약한 몸 상태가 아니라 내게 다가오는 힘만을 생각하자. 절대 허약해진다고 생각지 말자. 쉴 때에는 잠들기 전과 마찬가지로 당신을 완벽한 건강으로 이끄는 건강의 섭리에 정신을 집중하자.

매년 수백만 명을 괴롭히는 골칫거리, 변비에 관해서는 어떻게 해야 할까? 아무것도 하지 않아도 된다. 호레이스 플레처의 『영양의 모든 것 The A.B.-Z. of Our Own Nutrition』을 읽어보면 위의 자기확신에 따라 생활하면 매일 장을 비울 필요도 없을뿐더러 그럴 수도 없다는 사실과 그 근거를 확인할 수 있다. 사흘에 한 번이나 2주에 한 번 정도만 장을 비워도 충분히 완벽한 건강을 유지할 수 있다.

몸에서 활용할 수 있는 양보다 세 배에서 열 배가량 많이 먹는 대식가들은 몸 안에 제거해야 하는 배설물이 쌓이기 마련이다. 그러나 위에 설명한 방식대로 살면 다른 결과를 얻을 수 있다. 정당한 허기를 느낄 때만 먹고, 음식을 한입 먹을 때마다 죽 상태가 되도록 씹고, 허기가 누그러지는 것을 느끼는 순간 숟가락을 내려놓자. 그러면 음식이 소화 및 동화될 준비를 완전히 마치고 거의 대부분 흡수된다. 그리고 장내에는 배설할 노폐물이 거의 쌓이지 않는다.

의학서나 특허를 받은 약 광고에서 읽은 것들을 기억에서 모두 지울 수 있다면 당신은 변비나 배설물과 관련된 문제에 대해 더 이상 생각할 필요조차 없다. 건강의 섭리가 모두 알아서 처리해줄 것이다.

그럼에도 불구하고 변비 걱정으로 머리가 복잡하다면 초기에는 따뜻한 물로 관장하는 것도 한 방법이다. 물론 그럴 필요는 전혀 없지만 두려움을 조금 누그러뜨리는 데에는 도움이 될 수 있다. 위의 과정을 잘 실천하고 섭취하는 음식량을 줄이며 절대 방식으로 먹는 순간, 머릿속에서 변비 따위의 생각은 지워버리자. 이제 당신과는 상관없는 문제다. 당신 안에 깃든 건강의 섭리가 당신에게 완벽한 건강을 전해줄 힘이 있다는 것을 믿자. 모든 힘을 지닌 생명의 섭리에게 경건하게 감사하고 그 힘과 연결 고리를 맺고 기쁨을 만끽하자.

운동은 어떻게 해야 할까? 누구나 근육을 매일 조금씩 골고루 활용하면 건강이 한층 좋아진다. 적절한 운동을 하는 가장 바람직한 방식은 놀이나 즐거운 활동을 하는 것이다. 무엇보다 자연스러운 방식으로 운동을 하자. 건강을 위해 억지로 몸을 움직이지 말고 기분 전환을 위해 운동을 하자. 말이나 자전거를 타고, 테니스나 볼링을 하고, 공을 튀기자. 기분 좋고 돈도 벌며 매일 한 시간가량 할 수 있는 정원일 등의 부업을 찾자.

건강을 위한 운동이라고 생각지 않고도 몸을 유연하게 만들고 순환을 돕기에 충분한 운동을 할 수 있는 수천 가지 방법이 있다. 즐거움이나 돈을 위해 운동하자. 건강해지고 싶기 때문이 아니라 기운이 흘러넘쳐 가만히 앉아 있을 수 없을 때 운동하면 더욱 효과가 있다.

장기간의 단식은 필요할까? 거의 또는 전혀 필요치 않다. 건강의 섭리가 행동을 개시하는 데 20일, 30일, 40일이 필요한 경우는 드물다. 일반적인 상황에서라면 그보다 훨씬 전에 허기가 찾아온다. 장기간의 단식을 할 때 허기가 빨리 찾아오지 않는 이유는 대부분 환자 자신이 허기를 억제하기 때문이다. 환자 스스로 자신이 허기를 느끼기까지 오랜 시간이 걸릴 것이라는 생각을 갖고서 단식을 시작한다. 사람들은 단식이라는 주제에 관해 읽은 내용 때문에 장기간의 단식에 대비하고 꼭 성공하겠다며 불굴의 의지를 다진다. 그러나 허기는 어디까지나 시간에 맡겨둬야 하는 문제다.

강력하고 긍정적인 암시의 영향을 받은 무의식은 허기를 억제한다. 어떤 이유에서든 자연스럽게 허기가 찾아오지 않을 때면 평소에 실행하던 일들을 즐겁게 하고 허기가 돌아올 때까지 먹지 말자. 이틀, 사흘, 열흘, 더 긴 기간이라도 상관없다. 먹어야 할 때가 되면 허기를 느낄 것이다. 그리고 기분 좋은 자신감을 품고 건강에 대한 확신을 견지한다면 금식으로 인한 허약감이나 불편감은 겪지 않는다.

배가 고픈 상태가 아니라면 먹을 때보다 먹지 않을 때 더 튼튼하고 행복하며 편안해진다. 이 책에 담긴 절대 방식대로 살아간다면 절대로 장기간 단식할 필요가 없다. 식사를 거를 때가 거의 없을 테고, 전에 없을 만치 식사를 즐기게 될 것이다. 먹기 전에 정당한 허기가 찾아오기를 기다리자. 그리고 정당한 허기가 찾아오면 언제든 먹자.

17장

정리:
건강의 자기확신

건강이란 완벽히 자연스러운 신체 활동과 정상적인 삶을 가리킨다. 우주에는 생명의 섭리가 존재한다. 이는 만물의 원천인 살아 있는 본질이다. 이 본질은 본래의 상태로서 우주의 공간을 충만하게 채운다. 본질은 눈에 보이지 않는 상태로 만물에 내재돼 있으며 우주의 모든 형체는 본질로 이뤄져 있다.

물을 예로 들어보자. 미세한 수증기로 가득 찬 어떤 공간에 얼음이 놓여 있다고 치자. 수증기는 형체가 없는 물이며, 얼음은 형태를 가진 물이다. 물은 수증기의 형태로 공간을 모두 채우는 동시에 얼음의 형체 안에도 내재돼 있다. 살아 있는 본질이 그에서 비롯된 만물에 충만한 것도 이와 비슷하다. 모든 생명은 본질에서 비롯되며 본질이 곧 모든 생명이다.

전능한 본질은 곧 생각하는 본질이며, 그 생각의 형체를 만들어낸다. 본질이 떠올리는 생각은 형체를 만들어내며, 흐름에 대해 생각하면 흐름을 불러일으킨다. 본질은 계속 생각하기에 계속 창조한다. 그리고 자신을 한층 완전하게 구현하기 위해 더 완전한 생명, 활동, 건강을 향해 나아간다.

살아 있는 본질의 힘은 언제나 완벽한 건강을 지향한다. 이는 완벽한 활동에 기여하는 모든 생명체에 내재된 힘이다. 모든 생명체는 건강을 불러오는 힘을 품고 있다. 사람은 이 힘과 자신을 연결 지을 수 있고 생각을 통해 힘과 자신을 분리할 수도 있다.

사람은 살아 있는 본질의 한 형태이며, 자신 안에 건강의 섭리를 품고 있다. 건강의 섭리는 완전히 건설적으로 활동할 때에는 사람의 모든 무의식적 활동이 완벽하게 진행되도록 돕는다.

사람은 유형의 몸에 충만한 생각하는 본질이며, 사람의 생각은 몸에서 일어나는 과정을 제어한다. 건강을 향한 첫발은 건강한 자신의 이미지를 그려보고, 완벽하게 건강한 사람이 하듯 모든 일들을 해내는 것이다. 일단 그 이미지를 형성하고 나면 어떤 생각을 하든 그 이미지와 나 자신을 연결 짓고, 질환과의 모든 연결 고리를 끊어야 한다.

그런 다음 긍정적인 확신과 더불어 건강만을 생각하면 내면에 있는 건강의 섭리가 깨어나 활동을 시작해 질환을 치유하도록 유도할 수 있다. 생명의 섭리가 당신에게 베푸는 건강에 경건하게 감사하면 확신을 얻을 수 있다. 살아 있는 본질이 계속 전해주고 있는 건강의 에너지를 의식적으로 받아들이고 충분히 감사한다면 확신이 생겨날 것이다.

건강한 방식으로 삶의 의식적인 활동을 수행하지 않는다면 건강을 올바르게 유지할 수 없다. 의식적인 활동에는 먹기, 마시기, 숨쉬기, 자기가 있다. 건강만을 생각하고, 건강을 확신하고, 완벽하게 건강한 방식으로 먹고, 마시고, 숨 쉬고, 잔다면, 완벽한 건강을 누리게 될 것이다.

건강은 절대 방식으로 생각하고 행동할 때 따라오는 결과물이다. 아픈 사람이 절대 방식으로 생각하고 행동하기 시작하면 몸 안에 깃든 건강의 섭리가 건설적인 활동을 개시해 모든 질환을 치유해줄 것이다. 건강의 섭리는 누구에게나 똑같이 작용하며 우주에 깃든 삶의 섭리와 연결돼 있다. 건강의 절대 방식을 실천하면 누구나 완벽한 건강을 얻을 수 있다.

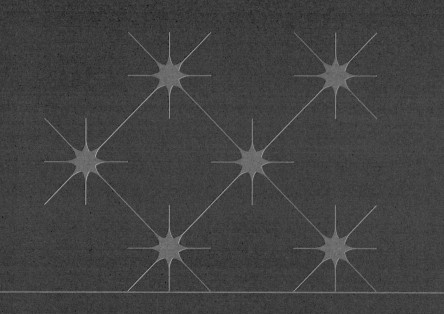

3부

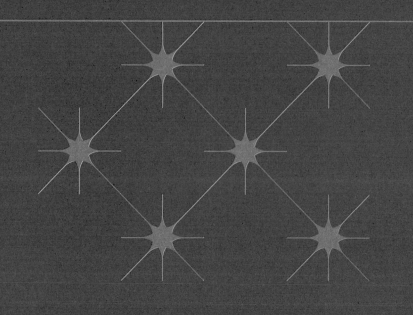

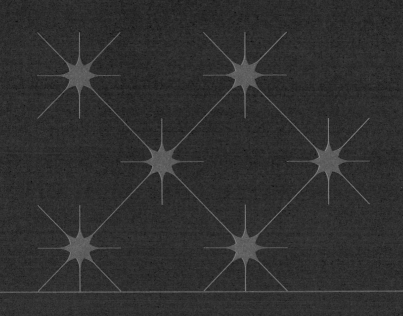

위대한 사람의 자기확신

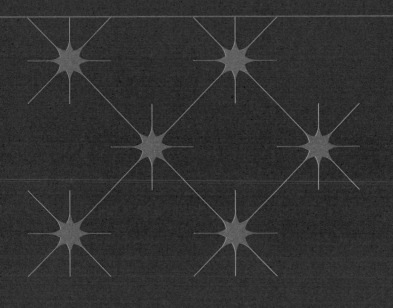

머리말: 위대함의 힘

사람은 누구나 힘의 섭리를 품고 있다. 힘의 섭리를 잘 활용하고 이끌면 정신적 기능을 발달시킬 수 있다. 사람은 자신이 원하는 방향으로 성장할 수 있는 내재적 힘을 갖고 있다. 어떤 분야에서든 뛰어난 인물을 넘어서는 더욱 뛰어난 인물이 계속 배출되는 것처럼 성장의 가능성은 끝이 없다. 이 같은 가능성의 원천은 사람을 창조한 태초의 본질이다. 위대성이란 신의 전지적 능력이 사람에게 흘러든 것이다.

위대성은 단순히 뛰어난 재능이 아니다. 재능은 다른 기능보다 비교적 많이 발달한 기능에 불과하지만, 위대성은 사람과 신이 영혼의 차원에서 통합된 상태를 가리킨다. 무한한 힘의 원천과 연결된 위대한 사람은 자신이 이룬 업적보다 더 위대하다.

인간의 정신적 능력의 한계가 어디까지인지, 그러한 한계의 존재 자체가 있는지조차 우리는 모른다. 동물에게는 의식적 성장의 힘이 없다. 사람만이 그러한 힘을 지니고 있으며 힘을 계발하고 발달시킬 수 있다. 동물은 대부분 사람이 개입해 훈련을 통해 능력을 향상시키지만 사람은 스스로 훈련하고 능력을 계발할 수 있다. 이런 힘을 지닌 것은 사람뿐이며, 그 힘이 미치는 범위는 무한하다.

나무와 식물은 성장을 위해 살아간다. 사람 또한 성장을 위해 살아간다. 나무와 식물은 고정된 흐름을 따라 자동적으로 자라며 정해진 가능성과 특성만을 계발할 수 있다. 반면 사람은 자신이 원하는 대로 성장할 수 있고, 누군가가 이미 실행했거나 시도 중인 능력이라면 어떤 능력이든 계발할 수 있다. 사람이 상상하는 모든 것은 현실에서도 구현할 수 있다.

사람은 성장하기 위해 만들어졌고 성장해야만 한다.

지속적인 발전은 행복의 필수 조건이다.

발전이 없는 삶은 견딜 수 없는 것이며, 성장을 멈추는 사람은 바보나 미치광이가 돼버린다. 더 크고, 조화롭고, 균형 있게 성장할수록 사람은 더 행복해진다.

모든 사람은 가능성을 품고 태어나지만 서로 다른 두 사람이 완전히 똑같은 방식으로 성장하지는 않는다. 사람들은 장차 어떤 줄기를 따라 성장할지 보여주는 기질을 각자 지니고 세상에 태어나며 그 줄기를 따라가면 더 쉽게 성장할 수 있다.

세상은 정원사가 바구니 하나에 다양한 씨앗을 섞어 담아놓은 것과 비슷하다. 사람은 바구니에 담긴 씨앗처럼 처음에는 모두 엇비슷하지만 성장하면서 전혀 다른 모습을 띤다. 세상의 어두운 한구석에 밝고 선명한 색을 더해줄 장미 씨앗, 뭇사람에게 사랑과 순수함을 일깨워줄 백합 씨앗, 바위의 거친 윤곽을 가려줄 담쟁이덩굴 씨앗, 한낮의 해를 피해 새들이 쉬며 지저귈 가지를 마련해줄 떡갈나무 씨앗처럼 모든 사람은 각자 의미가 있고 유일무이하며 완벽하다.

세상의 모든 사람은 겉으로는 평범해 보이지만 누구나 생각지도 못한 가능성을 품고 있다. 사실 평범한 사람이란 없다. 국가적 시련과 위험이 도사리고 있는 시대에는 모퉁이 가게에서 빈둥거리는 사람이나 마을을 돌아다니는 주정뱅이의 내면에 존재하는 힘의 섭리가 활발해져 이들을 영웅과 정치인으로 탈바꿈시키는 경우도 있다. 모든 사람 안에는 발현되기를 기다리는 위대성이 있다.

어느 마을에나 문제가 생겼을 때 모두가 찾아가 조언을 구하는 위대한 사람이 있기 마련이다. 모두 그가 위대한 지혜와 직관을 가졌다는 사실을 암묵적으로 알고 있다. 그들은 작은 일도 위대한 방식으로 해내며 일단 의무가 주어지면 언제든 위대한 업적을 쌓을 수 있다.

누구나 그렇다. 당신도 마찬가지다. 힘의 섭리는 우리가 청하는 것을 내준다. 작은 일만 맡으면 작은 일에 필요한 힘만 주겠지만, 위대한 방식으로 위대한 일을 하려고 한다면 그에 필요한 모든 힘을 줄 것이다.

사람은 두 종류의 정신적 태도를 취할 수 있다. 하나는 축구공처럼 회복 탄력성이 있고 힘을 받으면 강하게 반응하지만 아무것도 창조해내지 못하는 태도다. 이런 유형의 사람은 스스로 움직이지 않으며 내면의 힘을 발휘할 수 없고 상황과 환경에 휘둘린다. 이들의 운명은 외부의 요인에 따라 결정되며 이들 안에 깃든 힘의 섭리는 절대 진정한 의미에서 활성화되지 않는다. 이들의 말과 행동은 내면에서 우러나오는 법이 없다.

또 하나의 태도는 흐르는 샘물과 같아 내면의 중심으로부터 힘이 솟아나온다. 이런 사람의 내면에는 영원한 삶을 향해 솟아나는 힘의 우물이 있다. 주변에서도 그 힘을 느낀다. 이런 사람의 내면에 있는 힘의 섭리는 계속 활성화돼 있다. 이들은 자발적으로 행동하고 안에 생명을 품고 있다. 사람에게 일어날 수 있는 최선의 일은 힘의 섭리를 자발적으로 활성화시키는 것이다.

가장 낮은 단계에 있는 사람은 확률과 상황에 얽매인 두려움의 노예다. 이런 사람의 행동은 모두 자신을 둘러싼 환경에 대한 반응에 지나지 않는다. 그의 행동은 자신에게 가해진 작용에 대한 반작용에 불과하다. 그 행동에서 비롯되는 것은 아무것도 없다. 그러나 이처럼 낮은 단계의 사람도 자신이 두려워하는 모든 것을 지배하기에 충분한 힘의 섭리를 내면에 품고 있다. 그 사실을 깨닫고 자발적으로 활동할 수 있게 된다면 그도 위대한 존재가 될 것이다.

진정한 변화는 사람이 품고 있는 힘의 섭리를 일깨우는 데서부터 시작된다. 죽음에서 삶으로 돌아서는 것, 부활이자 재생과 같다. 힘의 섭리가 깨어나면 사람은 우주적 존재와 연결되고 모든 힘을 얻게 될 것이다.

사람은 누구나 그러한 힘을 지니고 있다. 당신은 역사상 가장 위대한 이들에 뒤지지 않을 만큼, 아니 어쩌면 그보다 더 많은 영적이고 정신적인 에너지를 손에 넣고 또 위대한 업적을 이룰 수 있다. 스스로 원하는 사람이 될 수 있는 것이다.

1장

위대함을 향한 길은
열려 있다

당신이 위대해지기 위해 가야 할 길을 유전이라는 요인이 막고 있다고 탓하지 말자. 위대한 사람이 되는 길은 조상의 직업, 학식, 신분에 상관없이 당신 앞에 열려 있다. 정신적 태도는 유전되지 않는다. 부모에게서 물려받은 정신적 자산이 아무리 적을지라도 얼마든지 불릴 수 있으니 걱정하지 말자. 이 세상에 태어나는 모든 사람은 성장의 가능성을 품고 있다.

물론 유전의 영향이 전혀 없는 것은 아니다. 사람은 정신적 경향을 무의식적으로 지니고 태어난다. 우울하거나 겁이 많거나 악한 성향을 타고나는 것이다. 하지만 무의식적 성향은 모두 극복할 수 있다. 깨달음을 얻고 뜻을 세우면 매우 쉽게 떨쳐낼 수 있으므로 낙심할 필요는 없다.

만약 자신이 좋지 못한 정신적 경향을 물려받았더라도 모두 떨쳐내고 바람직한 경향을 대신 채워 넣을 수 있다. 정신적 성향은 아버지나 어머니가 당신의 무의식적 정신 속에 각인시킨 생각의 습관이다. 그와 반대되는 생각 습관을 들이면 그에 따른 성향이 각인된다. 의기소침한 성향을 밝고 활발한 성향으로 대체할 수 있고 비겁하며 악랄한 성격도 극복할 수 있다.

뇌의 여러 부분은 각기 다른 기능을 관장하는데, 각 기능의 능력은 해당 부위에 있는 활성화된 뇌세포의 수와 비례한다. 뇌의 어떤 부위가 크다면 그 부위에서 관장하는 기능이 작은 부위에서 관장하는 기능보다 더 활성화돼 있을 가능성이 높다. 뇌에서 발달한 부위에 따라 각기 음악가, 웅변가, 기계공 등으로 재능을 발휘할 확률이 높아진다. 반면 머리의 형태가 사회적 지위를 결정한다는 주장은 틀렸다. 뇌가 작더라도 활성화된 세포가 밀집된 사람은 뇌가 크며 활성화된 세포가 적은 사람보다 더 많이 활동한다. 특정 재능을 계발하겠다는 의지와 목적의식을 갖고 뇌의 어떤 영역에 힘의 섭리를 집중하면 뇌세포는 무한히 늘어난다.

당신은 아무리 소소한 기능, 힘, 재능이라도 계발할 수 있다. 필요하다면 특정 영역의 뇌세포를 늘릴 수 있다. 물론 가장 많이 발달한 재능을 가장 쉽게 활용할 수 있다. 자연스럽게 할 수 있는 일이 대표적이다. 하지만 자신에게 필요한 노력을 기울이면 어떤 재능도 계발할 수 있다는 것 또한 사실이다.

누구나 원하는 일을 하고, 자신이 꿈꾸는 사람이 될 수 있다. 어떤 이상에 집중하고 이 책에 나온 지침대로 나아가면 내 존재의 모든 힘이 그 이상을 실현하는 데 필요한 기능에 집중될 것이다. 그러면 더 많은 피와 신경이 뇌의 해당 영역으로 흘러들고 세포의 활동이 빨라지고 세포의 수가 늘어난다. 정신을 제대로 활용하면 정신이 하고 싶은 일을 해낼 역량을 갖춘 두뇌가 만들어진다.

두뇌가 사람을 만드는 것이 아니라 사람이 두뇌를 만든다. 사회적 지위는 유전에 따라 정해지지 않는다. 상황이나 기회가 부족해 더 낮은 수준으로 굴러 떨어지지도 않는다. 사람 속에 내재된 힘의 섭리는 영혼이 원하는 모든 일을 이루기에 충분하다. 올바른 자세를 갖추고 발전하기로 결심한다면 어떤 조건이나 상황도 당신을 막을 수 없다.

사람을 형성하고 성장을 지향하도록 창조한 우주의 힘은 사회, 업계, 정부의 상황도 지배한다. 이 책의 뒷장에서 다루겠지만 당신 안에 내재된 힘은 당신 주변의 사물 안에도 존재한다. 당신이 앞으로 나아가기 시작하면 모두 당신에게 도움이 되는 방향으로 움직일 것이다.

사람은 성장하기 위해 창조됐고, 모든 외부 환경은 사람의 성장을 촉진하기 위해 고안돼 있다. 일단 영혼을 일깨우고 발전하는 길에 접어들면 신뿐만 아니라 자연, 사회, 주변 사람들도 당신을 위해 움직인다. 스스로 법칙을 따르면 만물이 당신의 성공을 위해 힘을 모은다는 사실을 느낄 수 있을 것이다.

가난은 위대한 인물이 되는 데 걸림돌이 되지 못한다. 언제든 가난에서 벗어날 수 있다. 독일의 종교 개혁자 마르틴 루터Martin Luther는 어린 시절 길거리에서 노래를 하며 먹을 음식을 벌었다. 스웨덴의 박물학자 칼 폰 린네Carl von Linné가 손에 쥔 학비는 단돈 40달러였다. 린네는 손수 구두를 기워 신고 종종 친구들에게 밥을 얻어먹어야 했다.

스코틀랜드의 지질학자 휴 밀러Hugh Miller는 채석장에서 석공의 도제로 일하면서 지질학 공부를 시작했다. 기관차 엔진을 발명한 위대한 토목기사 조지 스티븐슨George Stephenson은 석탄을 캐는 광부였고 탄광에서 일하다가 깨달음을 얻어 생각하기 시작했다. 제임스 와트James Watt는 어릴 때 너무나 허약해 학교에도 가지 못할 정도였다. 에이브러햄 링컨Abraham Lincoln은 가난한 집 아이였다.

이들의 이야기를 살펴보면 사람 안에 존재하는 힘의 섭리는 모든 장애물과 난관을 극복하고 그 자신을 고양시킨다는 사실을 깨닫게 된다. 당신 안에도 힘의 섭리가 존재한다. 그 힘을 사용하고 절대 방식으로 활용한다면 당신 또한 모든 유전을 극복하고 환경과 조건을 넘어 위대하고 강력한 사람으로 거듭날 것이다.

2장

자신의 재능을
위대한 방식으로 써라

위대한 사람의 필수 조건은 무엇일까. 두뇌, 몸, 정신, 기능, 재능은 위대함을 드러내는 수단일 뿐, 모든 조건을 갖췄다고 해서 위대해지는 것은 아니다. 두뇌가 뛰어나고, 선한 정신을 갖고, 강인한 기능을 발휘하고, 눈부신 재능을 지니고 있더라도 자신의 능력을 위대한 방식으로 활용하지 않으면 위대한 사람이 될 수 없다. 자신이 가진 수단을 위대한 방식으로 쓰도록 유도하는 자질이 있어야만 위대해질 수 있다. 사람들은 그러한 자질에 지혜라는 이름을 붙였다. 지혜야말로 위대함의 근본이다.

지혜란 지향해야 할 최선의 목표와 그 목표에 도달할 최적의 수단을 아는 힘이다. 즉 올바른 선택이 무엇인지 아는 힘이다. 진정으로 위대한 사람은 올바른 선택이 무엇인지 알 만큼 똑똑하고, 올바른 일만을 할 만큼 선하며, 올바른 일을 실행에 옮길 만큼 능력 있고 강인한 사람이다. 어떤 공동체에서나 당장 힘 있는 인물로 자리매김할 것이고 사람들은 기꺼이 그에게 존경을 표할 것이다.

지혜는 지식에 좌우된다. 아는 것이 없으면 지혜가 있을 수 없고 올바른 선택이 무엇인지도 알 수 없다. 사람의 지식은 비교적 한정적이기에 지혜 또한 작을 수밖에 없다. 그것을 극복하려면 나보다 더 큰 지성과 나를 연결 짓고 영감을 통해 지혜를 전달받아야 한다. 불가능한 일은 아니다. 위대한 사람들이 지금껏 그렇게 해왔으니 당신도 할 수 있다.

사람의 지식은 제한적이고 불명확하다. 그렇기에 스스로 지혜를 손에 넣을 수는 없다. 신만이 모든 진리를 꿰뚫고 진정한 지혜를 지니며 항상 어떤 선택이 옳은지 안다. 사람은 신으로부터 지혜를 전해 받아야 한다.

예를 들어 보자. 링컨은 배움이 짧았다. 그러나 진리를 알아보는 힘이 있었다. 링컨을 보면 지혜가 무엇인지 정확히 알 수 있다. 어떤 환경에서나 항상 올바른 선택이 무엇인지 알고, 올바른 일을 할 의지가 있으며, 그 선택을 행동으로 옮길 유능한 능력을 갖춰야만 진정 지혜롭다고 할 수 있다.

노예제 폐지를 둘러싼 논란이 들끓고 무엇이 옳고 그르며 어떤 행동을 해야 할지 몰라 모두들 혼란에 싸여 있던 시대에 링컨은 절대 모호하게 행동하지 않았다. 그는 노예제 찬성론자의 피상적 주장과 폐지론자의 비실용적이고 극단적인 태도를 모두 꿰뚫어 봤다. 자신이 추구해야 할 올바른 목표가 무엇인지, 목표에 가닿기 위한 최선의 수단이 무엇인지도 알고 있었다.

대중은 링컨이 진리를 인지하고 자신이 해야 할 일을 알고 있다는 사실을 깨닫고는 그를 대통령으로 선출했다. 진리를 알아보는 힘을 기르고, 언제나 어떤 선택을 해야 옳을지 알며, 옳은 일을 실천하리라는 신뢰감을 주는 사람은 뭇사람의 존경을 받고 더 높은 자리에 오르게 된다. 세상사람 모두가 애타게 찾던 인물이기 때문이다.

링컨이 대통령에 당선됐을 당시, 주변에는 소위 능력 있는 조언자들이 제각각 의견을 제시했다. 그들은 링컨의 정책에 반기를 들기도 했고 때로는 북부 연방 전체가 입을 모아 반대하기도 했다. 그러나 링컨은 다른 이들이 문제의 겉모습에 속을 때 진리를 꿰뚫어 봤다. 링컨의 판단은 틀리지 않았다.

링컨은 한순간에 가장 뛰어난 정치인이자 최고의 군인으로 발돋움했다. 배움도 비교적 짧은 편이었던 링컨이 어떻게 이런 지혜를 얻게 됐을까? 링컨의 뇌 속 피질 상태가 우월하기 때문이 아니다. 체력이 특출 나거나 정신적 자질이 비범하거나 논증력이 뛰어나서도 아니다. 오히려 논증의 과정 끝에서 진리에 가닿는 경우는 드물다.

링컨은 영적 통찰력 덕분에 위대해질 수 있었다. 그는 진리를 깨달았다. 확신과 용기를 통해 길고 긴 절망적인 혁명기 내내 식민지를 하나로 묶었던 조지 워싱턴George Washington도 링컨과 비슷하다. 군사적 문제에 관한 한 어떤 수단을 쓰는 것이 최선인지 잘 알았던 나폴레옹 보나파르트Napoleon Bonapart의 위대성에서도 비슷한 면이 드러난다. 이들은 대체 어떻게 진리를 깨달았을까?

나폴레옹의 위대성은 나폴레옹 자신이 아니라 우주적 힘에 있었다. 워싱턴과 링컨 뒤에도 그 자신보다 더 큰 무언가가 존재했다. 역사 속에 이름을 남긴 위인들은 모두 진리를 볼 수 있었다. 워싱턴과 링컨을 비롯해 지혜를 갖고 있는 모든 사람은 모든 진리를 품고 있는 전지적 존재와 접하며 소통했다. 위대함의 바탕인 지혜를 얻으려면 신의 마음을 읽어야 한다.

3장

생각은 본질이다

우주적 지성은 만물에 내재돼 있고 모든 공간에 충만하다. 우주적 지성은 유일한 실존적 본질이다. 만물은 여기서부터 시작된다. 전지적 본질이자 정신적 본질인 이 존재는 곧 신이다. 본질이 없는 곳에는 아무것도 존재할 수 없기에, 본질이 있어야만 정신도 존재한다. 생각이 있는 곳에는 생각하는 본질이 존재한다.

생각은 어디에 존재할까? 생각은 활동이나 진동이 아니다. 활동은 흐름이고, 진동은 움직임이기에 지성과는 관련이 없다. 활동이 생각을 한다거나 움직임이 지성을 지닐 수는 없다. 움직임이란 본질이 움직이는 것을 가리킨다. 움직임에서 지성이 엿보인다면 그 지성은 움직임이 아니라 본질에 내재돼 있는 것이다.

생각은 뇌가 움직여서 만들어낸 결과물이 아니다. 뇌 속에 생각이 존재한다면 뇌의 움직임이 아니라 뇌를 구성하는 물질에 내재돼 있을 것이다. 그러나 생각은 뇌를 구성하는 물질에 있지 않다. 뇌를 구성하는 물질은 생명이 없으면 지성을 잃고 죽어버린다.

생각은 뇌를 살아 숨 쉬게 하는 생명의 섭리, 즉 영적 본질에 존재한다. 인간이 곧 영적 본질이다. 뇌는 생각하지 않는다. 생각의 주체는 사람이며 뇌를 통해 자신의 생각을 숙고하고 표현하는 것뿐이다.

우주에는 생각하는 영적 본질이 존재한다. 영적 본질이 사람의 몸을 가득 채우고 몸 안에서 깨닫고 또 생각하듯이 태초의 영적 본질, 즉 신 또한 대자연을 가득 채우고 대자연 안에서 깨닫고 생각한다.

대자연은 지적인 존재이며 모든 것을 안다. 우주적 존재는 태초부터 만물과 연결 고리를 맺었기에 모든 지식을 품고 있다. 사람의 경험과 지식은 일천하다. 그러나 신의 경험과 지식은 행성의 파멸에서부터 혜성의 운행, 참새의 스러짐에 이르기까지 창조 이래 일어난 모든 일을 망라한다. 우리를 감싸고 있는 전지적 본질은 현존하는 만물과 지금까지 존재했던 모든 것을 간직하고 있다.

지금까지 인류가 쓴 백과사전을 모두 합쳐도 사람이 기대어 사는 전지적 본질의 방대한 지식에 비하면 티끌에 불과하다. 사람들이 영감을 통해 인식하는 진리는 사실 본질이 품고 있는 생각이다. 사람은 생각하는 본질이자 우주적 본질의 일부다. 그러나 사람은 한정적인 반면, 우주적 지성은 무한한 존재다. 모든 지성, 힘, 에너지는 그 존재로부터 비롯된다.

사람은 전지적 존재에 둘러싸여 있다. 전지적 존재는 모든 지식과 진리를 알고 있으며, 아이들에게 좋은 선물을 주며 기뻐하는 아버지처럼 사람에게 지식을 전하고자 한다. 고금을 막론하고 모든 선지자와 위인은 사람이 아니라 신으로부터 지혜를 전해 받았기에 위대해질 수 있었다.

무한한 지혜와 힘의 샘은 당신에게도 열려 있다. 당신은 자유로이 샘의 지혜를 끌어다 쓸 수 있다. 필요할 때에는 그리하게 될 것이다. 당신은 자신이 원하는 사람이 되고, 자신이 원하는 일을 하고, 자신이 원하는 것을 가질 수 있다.

그러려면 진실을 인지하고 지혜를 지니며 추구해야 할 올바른 목표와 그 목표에 이르기 위한 적절한 수단을 알고 있어야 한다. 또한 그 수단을 활용할 능력을 손에 쥘 수 있도록 우주적 존재와 하나가 되는 방법을 배워야 한다. 모든 것을 제쳐두고 우주적 존재와 의식적 통합을 이루는 데 집중해보자.

4장

확신하라

확신이 없으면 위대해지기란 불가능하다. 진정으로 위대한 사람은 모두 흔들리지 않는 확신을 갖고 있었다. 전쟁의 어두운 시기를 견뎌낸 링컨, 혹독한 겨울에 병영을 돌아보던 워싱턴, 혐오스러운 노예 거래를 막겠다는 굳은 결심으로 검은 대륙을 헤쳐 나아간 절름발이 선교사 데이비드 리빙스턴David Livingstone, 교황의 면죄부 판매에 반대함으로써 종교 개혁의 발단을 일으킨 루터, 여성 신교육의 선구자였던 프랜시스 윌러드Frances Willard까지. 그 밖에도 위인의 명단에 이름을 올린 모든 이들에게서 볼 수 있는 특징이다.

나 자신이나 손에 쥔 권력이 아니라 섭리에 대한 확신, 때가 되면 승리를 안겨주리라 믿고 의지할 수 있으며 올바름을 추구하는 위대한 존재에 대한 확신이 없다면 위대한 사람은 될 수 없다. 섭리에 확신이 없는 사람은 언제까지나 소인배로 남을 수밖에 없다.

확신은 관점에 의해 좌우된다. 우리가 사는 세상은 완성된 결과물이 아니다. 세상은 진화를 통해 생겨났고 아직도 발전하고 있다. 수백만 년 전, 신은 투박하지만 이상적인 하등생명체를 창조했다. 동물과 식물 등 비교적 진화하고 복잡한 형태의 생명체는 그다음 시대에 등장했다. 지구 또한 여러 단계를 거쳐 변화했다. 각 단계는 그 자체로 이상적이었으며 시간이 흐르면서 더 높은 단계로 거듭났다.

고등생명체가 그랬듯 하등생명체 또한 그 자체로 이상적이었다는 사실을 강조하고 싶다. 지금으로부터 5,500만 년 전인 에오세Eocene Epoch는 그 자체로 이상적이었다. 다만 신의 작업이 아직 끝나지 않은 상태였을 뿐이다. 지금 세상도 마찬가지다. 오늘날의 세계는 물리적·사회적·산업적 측면에서 볼 때 나름대로 이상적인 상태다. 아직 전부 완성된 상태는 아니지만 신의 손이 거친 부분은 완벽하다.

위와 같은 관점으로 세상을 바라보자. 세상과 만물은 아직 완성되지는 않았지만 충분히 이상적이라는 관점을 취하자.

세상 만물은 나름대로 이상적이다. 그것이야말로 위대한 진리다. 악한 것은 없다. 악한 사람도 없다. 삶의 모든 면면을 이와 같은 관점에서 숙고해야 한다.

대자연에 잘못된 부분은 없다. 자연은 모두 행복하도록 인정을 베풀 만큼 거대하고 여전히 발전 중인 존재다. 대자연의 만물은 선하며 악한 것은 없다. 아직 자연의 창조 과정이 끝나지 않았기에 여전히 미완성된 상태이기는 하지만, 자연은 사람에게 과거보다 한층 풍요로운 것들을 베풀고자 한다. 자연은 신의 현현 중 일부이며 신은 곧 사랑이기 때문이다. 다시 말하지만 지금의 자연은 그 자체로 이상적이지만, 아직 완성되지는 않은 상태다.

사회와 정부도 마찬가지다. 파업이나 공장 폐쇄 등 유쾌하지 않은 일들은 발전하는 흐름의 일부이자 완전한 사회로 나아가는 진화 과정의 부산물이다. 진화가 완성되면 사회는 조화로운 곳이 될 것이다. 이런 과정이 없으면 진화는 완성되지 못한다. 파충류 시대의 동물들이 이후 시대에 탄생할 생명체를 위해 필요한 존재였듯이 J. P. 모건 등의 기업인 또한 새로이 다가올 사회 질서를 위해 필요한 존재다. 이들 생명체가 그 자체로 이상적이었듯이 모건 또한 마찬가지다.

세상 만물이 아름답다고 생각하자. 정계와 재계는 나름대로 이상적이나 완전해지기 위해 빠르게 발전하고 있다. 두려움, 불안, 걱정에 떨 이유가 전혀 없다. 사회가 겪는 문제 때문에 불평하지 말자. 지금으로서는 이상적인 상태다. 지금 우리는 인류가 다다른 발전 단계 중 가장 높은 위치에서 이룩한 최선의 세상을 살고 있다.

말도 안 되는 이야기처럼 들릴 수도 있다. "아니, 아동 노동이나 더럽고 비위생적인 작업 환경이 나쁘지 않다니? 그런 것들을 모두 이상적인 것으로 그냥 받아들이라고?"라며 분개하는 사람도 많을 것이다.

동굴에서 살던 원시인들이 수행하던 일들이나 습관이 잘못됐다고 말할 수는 없다. 그렇다면 아동 노동 등의 일들도 마찬가지다. 인류는 당시 원시인 단계에 있었고 그에 맞게 행동했다. 인류의 산업은 아직 야만인 단계에 머무르고 있을 뿐이며 그 단계에 맞는 일들이 일어나고 있을 뿐이다.

인류가 산업 발전의 측면에서 야만인의 단계를 벗어나 문명인이 돼야만 비로소 더 나은 환경을 마련할 수 있다. 인류 전체가 더 높은 관점을 지닌다면 충분히 가능하다. 사회 여러 곳의 사람들이 더 높은 관점을 갖게 되면 산업 또한 진화할 것이다. 지금의 부조화를 벗어날 해답은 고용주가 아니라 근로자 자신에게 있다.

근로자들이 더 높은 관점을 지향하고 그에 도달하면 업계 내에서 완벽한 조화와 동료의식을 이뤄낼 수 있을 것이다. 사람의 수와 힘이 더 많기 때문이다. 근로자는 지금 품고 있는 소망에 걸맞은 대우를 받고 있다. 만약 더 높고 순수하며 조화로운 삶을 추구한다면 그에 합당한 삶을 얻을 것이다. 물론 지금도 더 나은 삶을 추구하지만 아직 동물적 욕망을 충족시키는 수준에 그치고 있다. 산업 체계가 여전히 야만스럽고 동물적인 단계에 머물러 있다면 근로자 자신들의 소망과 관점을 바꿔야 한다. 근로자들이 정신적 차원으로 고양된 생각을 품고 정신적·영적 측면에서 풍요롭게 사는 데 필요한 것들을 소망한다면 업계는 곧 야만적이고 동물적인 차원을 벗어나 다음 단계로 나아갈 것이다.

술집이나 도박장처럼 부도덕한 일들이 일어나는 곳도 마찬가지다. 비정상적이고 야만적인 일을 바랄수록 사람들은 마땅히 자신이 원하는 것을 갖게 되기 마련이다. 부조화가 없는 세상을 바라는 사람들이 많아진다면 그런 세상이 찾아올 것이다.

사람들이 야만스러운 사고의 차원에 머물러 있는 한, 사회 또한 무질서한 상태에 있을 수밖에 없다. 사회는 사람이 만든다. 사람이 야만스러운 사고를 초월하면 사회 또한 야만적인 단계를 벗어날 것이다. 야만스러운 방식으로 생각하는 사람이 많은 사회일수록 술집과 도박장이 넘쳐날 수밖에 없다.

하지만 제아무리 비정상적이고 야만스러운 것들이 세상을 혼란스럽게 만들어도 더 나은 세상을 향해 나아가는 데 걸림돌이 되지는 않는다. 퇴보하는 사회를 뜯어고치려 하지 말고 미완성 상태의 사회가 완성의 상태로 나아가도록 노력하자. 관점을 바꾸면 편안한 마음으로 희망을 품고 앞으로 나아갈 수 있다. 현재 문명이 그 자체로 이상적이며 더욱 나아지고 있다는 생각과 악한 사회가 더욱 썩어가고 있다는 생각은 확신과 활기를 불어넣고자 할 때 분명한 차이를 만든다. 전자의 관점은 발전적이고 성장적인 정신을, 후자의 관점은 쇠락하고 축소되는 정신을 심어준다.

전자의 관점은 인류가 더 크게 성장하도록 유도하고, 후자의 관점은 결국 인류를 축소시키는 결과를 낳는다. 전자의 관점은 영속적인 목표를 향해 나아가고 미완성 상태에 머물며 부조화를 이루고 있는 모든 것을 완성하기 위해 큰일을 큰 방식으로 해내도록 유도한다. 반면 후자의 관점은 문제를 덮어버린 채 땜질하고 희망의 불꽃을 꺼트리며 쇠락해가는 세상에서 방황하는 사람 몇몇을 구하는 데 그치게 한다. 사회적 관점은 이처럼 큰 영향을 미친다.

세상은 잘못되지 않았다. 잘못될 수 있는 것은 나 자신의 태도뿐이다. 항상 개인적 태도를 올바르게 유지하고 좀 더 높은 시야에서 자연과 사건, 사회적·정치적·경제적 제도와 상황을 바라봐야 한다. 지금 우리가 사는 세상은 현재로서는 잘못된 것이 없지만 전체적으로 보면 아직 미완성인 상태다. 지금 우리가 사는 세상은 잘못되지 않았으며 완성을 향해 나아가고 있다는 관점을 견지하자.

5장

나 자신의 위대함을
발견하라

사회를 바라보는 관점도 중요하지만 주변의 동료, 지인, 친구, 친척, 가족, 무엇보다 나 자신을 바라보는 관점만큼 중요하지는 않다. 세상은 현재 방황하며 쇠락하는 중이 아니며 완성을 향해 발전하고 있다고 앞서 말한 바 있다. 마찬가지로 사람들을 대할 때에도 상대를 저주스럽고 방황하는 존재가 아니라 완성을 향해 나아가는 이상적인 존재라 생각하자. 세상에 나쁜 사람이나 악한 사람은 없다.

육중한 차량을 끌고 철로를 달리는 기관차는 잘못이 없다. 기관차의 동력인 증기에도 잘못이 없다. 철로가 망가져 탈선한 기관차가 도랑에 빠진다고 해도 기관차는 잘못이 없다. 열차를 도랑에 처박은 증기 또한 잘못이 없다. 증기는 이상적이고 좋은 힘이다. 기관차는 잠시 경로에서 벗어났을 뿐이다. 불완전하거나 경로를 이탈한 기관차는 악하지 않다. 마찬가지로 악한 사람도 없다. 이상적이고 선한 사람이 잠시 경로에서 벗어났을 뿐이다. 비난이나 벌을 받을 필요가 없다. 열차든 사람이든 다시 올바른 경로로 돌아오기만 하면 된다.

오랫동안 쌓인 고정관념 때문에 아직 완성되지 않은 무언가가 때로 나쁜 것처럼 보일 수 있다. 백합을 피워내는 구근은 울퉁불퉁하고 못생겼다. 구근의 외양을 보고 꺼리는 사람도 있을지 모른다. 하지만 백합을 피울 구근이 못생겼다고 비난하는 행동은 어리석을 뿐이다. 구근은 그 자체로 이상적인 존재다. 그 자체로 이상적이지만 아직 완성되지 않은 백합일 뿐이다. 그와 마찬가지로 지금 그리 좋아 보이지 않는 사람이라도 현재 상태로 이상적인 존재이며 완성을 향해 나아가고 있다는 사실을 깨달아야 한다.

세상 사람은 모두 저 나름대로 이상적인 존재다. 그 사실을 이해하고 모두가 이상적인 존재라는 관점에서 사람들을 보면 흠결을 찾아내고 평가하고 비판하며 비난하고 싶은 마음이 사라진다. 방황하는 영혼을 구원하겠다며 남의 일에 간섭하는 대신 낙원의 완성에 이바지하는 길을 걸을 때 늘 좋은 말만 하는 위대하고 영광스러운 인간성은 비로소 완성돼간다. 사람들과 어울릴 때에도 한층 관대하고 마음 넓은 태도를 취하게 된다. 모든 사람을 위대한 존재로 보고 위대한 방식으로 대하게 된다.

인류가 방황하고 타락했다는 시각을 갖게 되면 정신이 위축되고 나아가 사람들과의 관계 또한 왜곡해 바라보기 마련이다. 긍정적인 시각을 견지하자. 그래야만 위대한 사람의 방식대로 지인, 이웃, 가족을 대할 수 있다. 스스로를 볼 때에도 같은 관점을 견지하자. 항상 나 자신이 위대하고 발전하는 영혼이라 생각하자. 스스로에게 이렇게 말해보자.

"결함과 나약과 질병 따위는 모르는, 나를 창조한 태초의 본질이 내 안에 존재한다. 세상은 미완의 상태이지만 내 의식 안의 신은 완벽하고 완전하다. 잘못될 수 있는 것은 나 자신의 태도뿐이다. 그리고 나의 태도는 내 안의 존재에 따르지 않을 때에만 잘못될 수 있다. 나는 신의 완벽한 현현이며 완성되기 위해 계속 나아갈 것이다. 확신을 품고, 두려워하지 않을 것이다."

이 장에서 설명한 진리를 이해하고 위와 같이 말할 수 있다면 위대한 사람에 한 걸음 더 가까이 다가갈 수 있다.

6장

당신의 영혼을
따라라

올바른 관점을 갖게 되면 세상이나 사람과 올바른 관계를 맺게 된다. 다음 단계는 맡김이다. 맡김의 진정한 의미는 단순하다. 영혼을 따르는 것이다. 내 안에는 자신을 더 높은 곳으로 나아가도록 이끄는 존재, 즉 숭고한 힘의 섭리가 있다.

위대한 사람이 되려면 내면의 위대성이 겉으로 드러나야 한다. 당신 안에 있는 존재가 가장 위대하고 높은 존재라는 사실에 의문을 품지 말자. 내면의 존재는 마음도, 지성도, 이성도 아니다.

자신의 논리에 막혀 섭리에 이르지 못하면 위대해질 수 없다.

이성만으로는 섭리도, 도덕도 이해하지 못한다. 지성은 변호사와 같아서 한쪽에 치우치며 논란을 벌인다. 성인의 지성이 위대한 자선을 계획하듯이 도둑의 지성은 도둑질과 살인을 계획한다. 지성은 올바른 일을 하기에 가장 적합한 수단과 방식을 찾아내는 데 도움이 될 뿐, 올바른 일이 무엇인지는 알려주지 않는다.

지성과 이성은 이기적 인간이 이기적 목적을, 이기적이지 않은 사람이 이기적이지 않은 목적을 달성하도록 돕는다. 섭리를 따르지 않고 이성과 지성만을 활용하면 능력 있는 사람으로 이름을 떨칠지는 몰라도 절대 위대한 인생을 산 사람으로 알려지지는 못할 것이다.

사람들은 지성과 이성의 능력은 지나치게 갈고 닦는 반면, 영혼을 따르는 연습을 등한시한다. 개인적 태도와 관련해 저지를 수 있는 유일한 잘못은 바로 힘의 섭리를 따르지 않는 것이다.

당신 안의 본질을 돌아보면 어떤 관계에서나 올바른 생각을 해낼 수 있다. 힘을 손에 넣고 위대해지려면 내면의 존재에서 찾을 수 있는 올바른 생각에 당신의 삶을 맞춰나가야 한다. 생각 없이 타협할 때마다 힘을 잃게 된다는 사실을 절대 잊지 말자.

당신이 발전하고 나서도 습관적으로 행하는 좋지 못한 일상의 행동들이 있다. 모두 멈추자. 성장하면서 생각이 바뀌었다면 묵은 생각은 버리자. 당신의 가치를 떨어뜨리는 시시한 행동이라는 것을 알면서도 여전히 지키고 있는 사회적 악습이 꽤 있을 것이다. 그런 관습은 모두 초월하자.

전통과 상식에 따른 옳고 그름의 기준을 깡그리 무시하라는 의미는 아니다. 하지만 뭇사람을 옥죄는 편협한 전통에 영혼이 계속 얽매여 있도록 두지 말자. 종교 등을 이유로 시대에 뒤처진 관습을 실천하느라 시간과 에너지를 낭비하지 말자. 당신이 믿지 않는 신념에 얽매이는 것은 좋지 않다.

무엇보다 자유로워지자. 마음이나 몸에 얽힌 세속적 습관이 있다면 내버리자. 일이 잘못되거나 사람들이 배신하거나 나를 함부로 대할지도 모른다는 의심과 두려움에 빠져 있다면 초월하자. 여전히 가끔씩 이기적으로 행동한다면 곧 멈추고 마음속으로 떠올릴 수 있는 최선의 행동을 하자. 발전하고 싶은데 그러지 못하고 있다면 몸보다 생각이 앞서 있기 때문이다. 머릿속의 생각을 그대로 실천하자.

섭리에 따라 생각하고 생각한 것을 그대로 실천하자. 일, 정치, 이웃과 집안의 대소사에는 가급적 최선의 생각을 떠올리고 그에 맞춰 행동하자. 남녀노소 누구나, 특히 가족은 자신이 상상할 수 있는 가장 친절하고 정중하며 예절 바른 태도로 대하자. 앞서 설명했던 저 높은 시야를 기억하자. 당신은 신들과 어울려 사는 신이다. 그에 걸맞게 행동해야 한다.

맡김을 완성하는 과정은 간단하다. 위대해지려면 아래가 아니라 위로부터 다스려야 한다. 육체적 충동에 휘둘리지 말고 몸을 마음에 맡기자. 하지만 마음은 당신을 이기적이고 부도덕한 길로 이끌 수 있다. 따라서 마음을 영혼에 맡겨야 한다. 단, 영혼은 당신이 가진 지식의 경계를 넘지 못한다. 따라서 영혼을 전지적인 우주적 존재에 맡겨야 한다.

이것이 완전한 맡김의 과정이다. 이렇게 말해보자. "나의 몸을 마음에 맡긴다. 나의 마음을 영혼에 맡긴다. 나의 영혼을 신이 인도하는 대로 맡긴다." 완전하고 철저하게 나 자신을 맡기면 힘을 얻고 위대한 사람이 되는 과정에서 한 걸음 더 나아가게 된다.

7장

이상적인 당신의
모습을 그려라

당신은 태초의 본질 안에 있는 생각하는 주체이며, 태초의 본질이 떠올리는 생각은 창조력을 지닌다. 본질이 떠올리고 유지한 생각은 형체로 구현된다. 그 생각은 아직 사람의 눈에 보이지는 않지만 현실 그 자체다. 생각하는 본질이 품은 생각은 눈에 보이지 않더라도 현실이자 형체이며 실질적인 존재라는 사실을 명심해야 한다. 사람의 내면은 스스로 떠올린 자신의 이미지를 따라 변화한다. 그리고 보이지는 않지만 생각 속에서 자신과 연결 지은 사물의 형체로 스스로를 둘러싸게 된다.

무언가를 원한다면 머릿속에 뚜렷한 이미지를 그려보고, 이미지가 확실한 형체를 띨 때까지 그 생각을 견지하자. 신으로부터 멀어지는 행동을 하지 않는 한, 당신이 원하는 것은 현실로 구현돼 찾아올 것이다. 우주가 창조된 법칙을 따랐을 때 얻을 수 있는 당연한 결과다.

질병이나 질환과 자신을 연결시키려는 생각은 하지 말고 건강의 관념만을 떠올리자. 튼튼하고 기운차고 완벽하게 건강한 자신의 모습을 생각하자. 창조적 지성에 이러한 생각을 각인시키고 몸을 구성하는 법칙을 거스르는 행동을 하지 않는다면 생각이 곧 몸에 나타날 것이다.

이상적인 자신의 모습을 그려보자. 상상력을 최대한 발휘해 완벽에 가까운 이상형을 그리는 것이다. 위대해지고 싶은 젊은 법학도가 있다고 치자. 이 청년은 앞서 다룬 대로 관점의 전환, 맡김, 동일시를 실천하는 것은 물론, 위대한 변호사가 돼 판사와 배심원 앞에서 설득력 있게 변론을 펼치는 자신의 모습을 그려봐야 한다. 그리고 무한한 진리, 지식, 지혜를 섭렵한 자신의 모습을 상상해야 한다. 모든 상황에 대처할 수 있는 위대한 변호사가 된 자신의 모습을 그려봐야 한다. 현재는 햇병아리 법학도에 불과하지만 머릿속에서는 자신이 위대한 변호사라는 사실을 절대 잊지 말아야 하며 미래를 상상하는 데 실패하는 일도 없어야 한다.

머릿속의 이미지가 더 확실하고 습관적으로 그려질수록 그의 안팎에서 창조의 에너지가 작용하기 시작할 것이다. 그러면 내면에서 만들어진 형체가 현실로 구현되고 이미지에 포함돼 있던 외부적 요소 또한 그에게 다가올 것이다. 비로소 자신이 만들어낸 이미지에 가까워지고 신이 협조하기 시작하는 순간이 찾아온다. 이제 그가 원하는 사람이 되는 것을 막을 장애물은 아무것도 없다.

음대생이 완벽한 화음을 연주하고 수많은 관중에게 기쁨을 선사하는 자신의 모습을 그려보는 것도 같은 효과를 준다. 자신의 분야에서 최고가 된 자신을 떠올리고 그 이미지를 자신에게 적용해보는 배우, 농부, 기계공의 경우도 마찬가지다.

당신이 되고 싶은 이상적 이미지에 집중하자. 깊이 숙고해 올바른 결정을 내리자. 다시 말해 가장 높은 만족감을 줄 이상형을 그려야 한다. 자신에게 맞는 것이 무엇인지 자신보다 잘 아는 사람은 없다. 남들이 하는 이야기를 듣되 결론은 언제나 직접 내리자.

내가 어떤 사람이 될지 다른 사람이 결정하도록 두지 말자. 내가 되고 싶은 사람이 되자.

헛된 의무감이나 책임감 때문에 판단을 그르치는 것은 금물이다. 최선의 모습이 되는 것을 가로막을 만큼 무거운 의무나 책임은 없다. 나 자신에게 솔직해지면 남에게 거짓된 행동을 할 수 없다. 어떤 사람이 되고 싶은지 완벽하게 결정지었다면 상상력을 최대한 발휘해 고양된 이미지를 떠올리고 그 개념을 구체적인 형체로 구현하자. 그 생각이 곧 사실이라 확신해야 한다.

자신을 반대하는 모든 주장에는 귀를 닫아야 한다. 바보나 몽상가라는 비난에는 신경 쓰지 말자. 계속 꿈꾸자. 배고픈 군인에 불과했던 나폴레옹은 언제나 프랑스의 지도자이자 전군을 이끄는 장군이 된 자신의 모습을 꿈꿨고 결국 현실에서 구현해냈다. 당신도 마찬가지다. 앞 장에서 다룬 내용을 주의 깊게 실천하고 다음 장의 지침대로 행동하면 당신 또한 원하는 사람이 될 수 있다.

8장

당신은 일상에서
위대해질 수 있다

앞장 말미에 나온 지침을 실천하는 데 그친다면 위대한 사람이 아니라 한낱 몽상가로 머물게 된다. 이 단계에서 멈추는 이들이 너무나 많다. 그들은 비전을 현실화하고 생각을 구현하려면 현재의 행동이 중요하다는 사실을 이해하지 못한 것이다.

위대한 사람이 되고자 한다면 두 가지를 해내야 한다. 첫째, 이상적 이미지를 형성한다. 둘째, 그 생각을 현실화하는 데 필요한 모든 행동을 실천에 옮긴다. 첫 번째 단계는 앞서 다뤘으니 이제 두 번째 단계에 대해 알아보자. 이상적 이미지를 완성한 사람이라면 이미 내면은 자신이 바라는 대로 위대하게 거듭난 상태다. 하지만 외적으로는 아직 위대한 행동을 하지 않은 상태이므로 이제 외적으로도 이상적인 이미지로 거듭나야 한다.

누구라도 단숨에 큰일을 해낼 수는 없다. 세상 사람들은 아직 당신이 내면에 스스로 확립한 대로 위대한 배우, 변호사, 음악가라 생각지 않는다. 아직 당신이 그런 이미지가 겉으로 드러나지 않았기에 당신에게 큰일을 맡길 사람은 없다. 해결책은 간단하다. 지금 당장 작은 일부터 위대한 방식으로 실행하기 시작하면 된다.

여기에 모든 비밀이 숨겨져 있다. 당신은 집, 가게, 사무실, 길거리, 어디서나 곧바로 오늘부터 위대해질 수 있다. 나 자신이 위대한 사람이라는 사실을 알릴 수 있다. 방법은 간단하다. 매일 실행하는 모든 일을 위대한 방식으로 해내면 된다.

아무리 사소하고 흔한 일을 해도 항상 당신이 지닌 위대한 영혼의 힘을 불어넣자. 그렇게 함으로써 가족, 친구, 이웃에게 당신의 진정한 모습을 알리자. 자랑하거나 으스대거나 자신이 얼마나 대단한 사람인지 떠벌리지 말고 그저 위대한 방식으로 사는 데 집중하자.

자신이 위대한 사람이라고 말해봤자 믿을 사람은 없다. 그러나 행동으로 보여준다면 아무도 당신의 위대성을 의심하지 못한다. 우선 가족, 배우자, 아이들, 형제가 당신이 위대하고 고귀한 영혼을 지녔다는 사실을 깨닫도록 정의롭고 관대하고 예절 바르고 친절하게 행동하자. 타인과 얽히는 모든 관계에서도 위대하고 옳고 관대하고 예절 바르고 친절하게 행동하자. 위대한 사람은 언제 어디서나 반드시 그렇게 행동한다. 당신의 태도도 마찬가지여야 한다.

다음 단계가 무엇보다 중요하다. 진실을 인지하는 자신의 능력을 절대적으로 믿어야 한다. 절대 조급하게 행동하지 말자. 모든 것을 숙고하고 목적의식에 따라 행동하자. 올바른 길이 보인다는 느낌이 들 때까지 기다리자. 올바른 길이 보인다는 느낌이 들면 세상 모두가 반대한다 해도 확신을 따라 나아가자. 작은 일에서 신이 당신에게 전하는 메시지를 믿지 않으면 큰일에서도 신의 지혜와 지식을 전해 받을 수 없다. 마음 속 깊은 곳에서 올바르다고 느껴지는 행동이 있다면 그대로 실천하고 좋은 결과가 찾아오리라는 완벽한 확신을 견지하자.

무언가가 진리라는 뚜렷한 생각이 든다면 겉보기에는 전혀 진리처럼 보이지 않더라도 그것이 진리라 믿고 그에 맞게 행동하자. 큰일을 할 때 진리를 인지하기 위한 유일한 방법은 지금 작은 일을 하면서 인지한 진리를 확고하게 믿는 것이다.

진실을 알아보는 힘 또는 기능을 발달시키는 것이 목표라는 점을 기억하자. 당신은 지금 신의 생각을 읽는 방법을 배우고 있다. 전능한 존재는 큰일과 작은 일을 구분하지 않는다. 우주적 존재는 태양이 궤도를 돌게 하는 동시에 참새가 스러지는 것과 당신의 머리에 난 머리카락의 수조차 눈여겨본다.

우주적 존재는 일상의 소소한 일에도 나라의 큰일과 똑같은 관심을 갖는다. 당신은 나랏일과 마찬가지로 가족과 이웃의 일에서도 올바른 길을 인지할 수 있다. 매일 일어나는 자질구레한 일에서부터 완벽한 확신을 가질 수 있어야 한다.

마음속 깊은 곳에서 모든 논리와 세상의 판단에 반하는 길을 가야 한다고 느껴진다면 그 길을 가자. 남들의 제안과 조언을 듣되 언제나 내면 깊은 곳에서 옳다고 느껴지는 일을 하자. 항상 절대적 확신을 품고 진리를 알아보는 당신의 능력에 의지하자. 그리고 우주적 존재의 메시지를 챙겨 듣자. 조급하고 두렵고 불안한 마음에 쫓겨 행동하는 것은 금물이다.

어떤 상황, 어떤 문제에서든 항상 진리를 인지하는 자신의 능력에 의지하자. 마음속 깊은 곳에서 어떤 날에 어떤 사람이 어떤 장소에 있을 거라는 느낌이 든다면 그를 만나게 되리라는 완벽한 확신을 갖고 그곳을 찾아가자. 아무리 가능성이 희박해 보일지라도 그 사람은 바로 그곳에 있을 것이다.

마음속 깊은 곳에서 어떤 사람들이 어떤 행동을 한다는 느낌이 든다면 그들이 그렇게 행동한다는 확신 아래 행동하자. 거리가 멀든 가깝든, 과거의 일이든 현재나 미래의 일이든 간에 어떤 상황이 벌어지고 있다는 깊은 확신이 있다면 자신의 인지력을 믿자. 처음에는 내면을 완전히 이해하지 못해 몇 차례 실수할 수도 있다. 그러나 곧 우주적 존재의 인도를 받아 거의 틀림없는 판단을 내리게 될 것이다.

얼마 지나지 않아 주변의 가족들이 점점 당신의 판단과 인도를 따르게 되면 뒤이어 이웃과 동네 사람들이 조언과 상담을 받으려고 찾아올 것이다. 곧 작은 일에서 위대한 사람으로 인정받고, 점점 더 큰일을 맡아달라는 부름도 받게 될 것이다.

모든 문제에 대해 내면의 빛, 즉 진리를 인지하는 능력의 인도를 따르기만 하면 된다. 영혼을 따르고 당신 자신에 대한 완벽한 확신을 갖자. 절대 스스로를 향한 회의나 불신을 품거나 자신이 실수를 저지르는 사람이라 생각지 말자. 우주적 존재의 인도에 따라 판단한 것이므로 당신의 판단은 올바르다.

9장

당신의 페이스를
유지하라

집안 사정, 사회생활, 건강, 돈 등 당신에게는 즉각 해결책을 내야 할 것 같은 많은 문제가 있을 것이다. 당장 갚아야 할 대출이나 처리해야 할 다른 일도 있을 것이다. 지금 자신이 있는 위치에 불만이거나 적성과 맞지 않을 수도 있다. 당장 뭐라도 해야 한다는 압박감이 들 수도 있다. 하지만 마음이 조급해져 얄은 충동에 따라 행동하지 말자. 당신의 개인적 문제에 대한 답은 우주적 존재가 내줄 거라 확신해도 된다. 급할 것은 없다.

당신에게는 무적의 힘이 있고, 당신이 원하는 것 안에도 같은 힘이 존재한다. 그 힘은 당신과 당신이 원하는 것이 서로 가까워지도록 유도한다. 당신 안의 지성이 당신이 소망하는 물건 안에도 존재한다는 진리를 이해하고 그 생각을 지속적으로 견지해야 한다. 그러면 내가 원하는 것이 내게 다가와 주변을 둘러싸도록 유도한다. 결국 당신이 소망하는 물건을 향해 강인하고 단호한 태도로 나아가듯이 그 물건 또한 당신에게 다가올 것이다.

당신의 생각과 믿음을 견지하면 모든 것이 잘 풀릴 것이다. 두려워하지 않고 확신한다고 해서 잘못될 일은 전혀 없다. 조급증은 두려움을 표현하는 하나의 방식이다. 두려워하지 않는 사람에게는 충분한 시간이 있다. 진리를 인지하는 당신의 능력을 완벽히 확신하고 행동한다면 절대 너무 늦거나 너무 이르게 행동하지 않을 것이고 결과적으로 잘못될 일은 아무것도 없다.

상황이 잘못돼가는 것처럼 보여도 심란해하지 말자. 겉보기에만 그럴 뿐이다. 잘못될 일은 아무것도 없다. 잘못된 길로 접어들 수 있는 유일한 원인은 잘못된 개인적 태도를 취하는 것뿐이다. 자신이 흥분하거나 걱정되거나 조급한 정신적 태도를 취하고 있다는 사실을 깨달을 때마다 잠시 앉아 다시 생각해보자. 그러고는 무언가를 하며 놀거나 휴식을 취하거나 여행을 떠나자. 일상으로 돌아올 때쯤이면 모든 것이 괜찮아져 있을 것이다.

조급한 태도에 빠지는 순간 위대한 정신의 태도에서 벗어나게 된다. 조급증과 두려움은 우주적 지성과 당신의 연결 고리를 단번에 끊어버린다. 그렇게 되면 마음이 평정심을 찾을 때까지 힘, 지혜, 지식을 얻을 수 없다. 조급한 태도를 취하면 내면에 깃든 힘의 섭리도 작용을 멈추고 만다. 누구나 두려움에 휩쓸리면 제아무리 강인한 사람도 약해지는 법이다.

평정심과 힘은 불가분의 관계임을 명심하자. 차분하고 평정한 정신은 강인하고 위대한 정신이다. 반면 조급하고 흥분된 정신은 약한 정신이다. 마음이 조급해질 때에는 올바른 관점에서 벗어나고 세상이 잘못돼가고 있다고 생각하게 된다. 그럴 때면 5장을 읽고 지금 상황과 그 안의 모든 것은 잘못되지 않았다는 사실을 되새기자.

아무것도 잘못되지 않았다. 아무것도 잘못될 수 없다. 평화롭고 차분하고 활기찬 태도를 견지하자. 신에게 확신을 갖자.

습관의 형성 다음으로 어려운 것은 예전의 습관을 극복하고 새로운 습관을 형성하는 일이다. 습관은 세상을 지배한다. 왕, 폭군, 금권주의자가 그 자리에 있는 것은 오로지 뭇사람이 습관적으로 그들을 수용했기 때문이다. 그들이 상황을 습관적으로 받아들였기에 지금의 상태에 이른 것이다. 뭇사람이 정부, 사회, 업계와 관련해 늘 습관적으로 갖던 생각을 바꾸면 왕, 폭군, 금권주의자도 바뀌게 될 것이다.

습관은 우리 모두를 지배한다. 당신은 아마도 자신을 능력이 한정적인 보통 사람, 위대한 사람은커녕 실패자에 가까운 사람으로 생각하는 습관을 갖고 있을 것이다. 자신이 어떤 사람이라 습관적으로 생각하면 정말로 그런 사람이 된다. 이제 더 위대하고 나은 습관을 형성해야 한다.

무한한 힘을 지닌 자신의 이미지를 그려보고 자신이 그 이미지에 어울리는 존재라는 사실을 습관적으로 떠올려야 한다. 간헐적인 생각이 아니라 습관적인 생각이 당신의 운명을 결정짓는다. 하루 종일 나 자신이 별 볼 일 없는 사람이라 믿고 있으면서 이따금 "나는 위대한 사람이다"라고 생각해봤자 아무것도 이뤄지지 않는다. 자신이 소인배라고 습관적으로 생각한다면 아무리 기도하고 긍정적 확신을 지녀도 위대해질 수 없다.

생각 습관을 바꾸려면 기도와 긍정적 확언을 해야 한다. 정신적이든 신체적이든 모든 행동을 자주 반복하면 습관이 된다. 정신적 훈련의 목적은 계속 반복적으로 특정한 생각을 떠올려 그 생각을 계속, 습관적으로 떠올릴 수 있도록 하는 것이다.

생각을 계속 되풀이하면 확신이 된다. 이제 당신이 해야 할 일은 자신에 대한 새로운 생각을 반복해서 떠올리는 것이다. 자신에 관해 생각할 때 그 방식 이외의 다른 어떤 방식으로도 생각할 수 없을 만큼 충분히 반복하자. 환경이나 상황이 아니라 습관적 생각이야말로 당신을 지금 위치에 데려다놓은 장본인이다.

누구나 자신에 관해서는 어느 정도 구심점의 역할을 하는 생각을 갖고 있다. 또한 그 생각을 기준으로 자신에 관련된 모든 사실관계와 외부적 관계를 분류하고 정리한다. 나는 위대하고 강인한 인간이라는 생각에 따라 사실관계를 정리할 수도 있고, 별 볼일 없고 나약한 사람이라는 생각에 따라 정말 나약하게 굴 수도 있다. 자신이 후자에 해당된다면 구심점의 역할을 하는 생각을 하루빨리 바꿔야 한다.

자신에 대한 새로운 정신적 이미지를 새기자. 좋은 글귀나 피상적 어구를 반복해 외운다고 위대해지지 않는다. 그보다 자신이 지닌 힘과 능력에 대한 확신을 갖고 그 생각을 되풀이해 떠올리자. 언제 어디서나 그 생각을 바탕으로 자신의 위치를 정하고 외부의 상황을 해석하게 될 때까지 충분히 떠올려야 한다. 다음 장에서 이에 관한 자세한 지침과 정신 훈련의 예를 다루기로 한다.

10장

위대한 생각을
하라

사람은 위대한 생각을 계속 해야만 위대해질 수 있다. 위대하게 생각해야 내면이 위대해지고 내면이 위대해져야 위대성이 겉으로 드러난다. 위대하게 생각하지 않으면 아무리 많이 배우고 읽고 공부해도 소용없다. 위대한 생각을 하면 학식이 풍부하지 않더라도 위대한 사람이 될 수 있다. 그러나 생각 없이 글줄만 읽고서 대단한 사람이 되고자 애쓰는 사람이 너무나 많다. 그들은 모두 실패할 것이다. 단순히 책을 읽는 데 그치지 않고 읽은 내용에 관해 능동적으로 생각해야만 정신적으로 발전할 수 있다.

많은 사람이 생각하기를 꺼린다. 그만큼 생각하는 것은 모든 노동 중에서도 가장 어렵고 힘겨운 일이다. 그러나 신은 사람을 창조할 때 계속 생각해야 하는 존재로서 창조했다. 사람은 생각하거나, 아니면 생각에서 달아나기 위해 다른 활동을 한다.

대부분의 사람들은 여가 시간이 날 때마다 생각에서 벗어나기 위해 지속적이고 맹목적으로 즐거움을 추구한다. 소설, 공연, 오락거리로 도망치면 생각하지 않을 수 있기 때문이다. 반대로 읽을 만한 책이나 볼 만한 공연 등 관심을 둘 곳 없이 혼자 있으면 생각을 할 수밖에 없다. 사람은 생각하지 않으면 절대 앞으로 나아갈 수 없다. 여가 시간을 오로지 생각으로부터 달아나는 데 쓰면 사람은 발전하지 못한다.

적게 읽고 많이 생각하자. 위대한 일에 관해 읽고 위대한 질문과 주제에 관해 생각하자. 1910년 현재 미국의 정계에는 위대한 인물이 거의 없다. 현재 미국의 정치인은 시시한 부류다. 링컨, 웹스터, 클레이, 캘훈, 잭슨만 한 인물이 없다. 왜일까? 지금 정치인들은 돈 문제, 사리사욕, 당의 성공, 윤리적 도덕이 없는 물질적 풍요 등 탐욕스럽고 사소한 문제에만 매달리기 때문이다.

눈앞의 이익만 생각하면 위대한 영혼과 연결 고리를 맺을 수 없다. 링컨의 시대와 그 이전 시대의 정치가는 영속적 진리, 인권,

정의 등의 문제를 다뤘다. 그들은 위대한 문제에 관심을 가졌고, 위대한 생각을 품었고, 위대한 인물이 됐다.

지식이나 정보에 관한 단순한 생각 이상의 생각이 인격을 형성한다. 생각이 곧 성장이다. 생각하면 반드시 성장하게 된다.

모든 생각은 다른 생각을 불러온다. 한 가지 생각을 써내려가다 보면 한 페이지가 채워질 때까지 다른 생각들이 뒤이어 떠오를 것이다. 정신은 바닥도 경계도 없기 때문에 깊이를 잴 수 없다. 처음 떠오른 생각은 투박할지 몰라도 생각을 거듭하다 보면 정신을 점점 더 활용하게 된다. 또한 새로운 뇌세포가 더 빨리 활동하게 돼 새로운 기능을 발달시킨다.

지속적으로 끊임없이 생각하다 보면 유전, 환경, 상황을 비롯한 모든 것이 당신을 돕게 된다. 그러나 스스로 생각하는 것을 게을리 하고 남의 생각에만 기댄다면 절대로 자신의 진정한 역량을 알지 못한 채 결국 아무것도 이루지 못하는 사람으로 생을 마감할 것이다.

자신만의 고유한 생각이 없다면 절대 진정으로 위대해질 수 없다. 사람이 밖을 향해 실행하는 모든 행동은 내적 사고의 표현이자 완성이다. 생각 없이 할 수 있는 행동은 없으며, 위대한 생각이 선행되기 전에는 위대한 행동을 할 수 없다. 행동은 생각의 산물이며 인격은 그 생각이 구현된 것이다. 환경 또한 생각의 결과물이다. 사물은 당신의 생각에 따라 당신 주변을 둘러싸게 된다.

랠프 월도 에머슨Ralph Waldo Emerson이 말했듯 삶의 모든 사실을 정리하고 분류하는 기준이 되는 구심적 생각이나 개념이 존재한다. 구심적 생각을 바꾸면 사물의 자리가 바뀌면서 모든 사실과 상황도 그에 따라 변한다. 당신은 지금처럼 생각했기에 지금의 존재가 된 것이다. 생각에 따라 행동했기에 지금 위치에 서게 된 것이다.

앞 장에서 다뤘듯이 위대한 본질에 대해 생각하는 것은 정말 중요하다. 우주적 본질을 피상적으로 받아들이지 말자. 본질이 당신의 구심적 생각에 녹아들 때까지 생각해야 한다. 결코 쉽지 않은 일이다. 하지만 올바른 관점을 다지는 단계로 돌아가 지금 자신이 완벽한 사람들 사이에서 완벽한 세상을 살고 있으며 잘못된 개인적 태도를 취하는 것 이외에 잘못될 수 있는 일은 아무것도 없다는 위대한 생각을 되새기자. 당신의 삶에서 이러한 생각이 어떤 의미를 지니고 있는지 완전히 깨닫게 될 때까지 생각하자.

다음의 사실을 숙고해보자. 이 세상은 곧 신의 세상이며 실현 가능한 최고의 세상이다. 세상은 생물학적·사회적·산업적 진화의 과정을 거쳐 완성을 향해 나아가고 있다. 신은 지금까지 이 세상의 진화를 이끌어왔고 완성과 조화를 향해 나아가고 있다. 위대하고 완벽하며 지적인 생명과 힘의 섭리가 있고, 그 힘은 우주의 모든 변화무쌍한 현상을 일으킨다. 이 모두가 사실임을 깨닫고 완벽한 세상의 일원으로서 어떻게 살면 좋은지 알게 될 때까지 깊이 숙고하자.

그런 다음 위대한 지성이 당신 안에 존재한다는 사실을 떠올려보자. 우주적 지성은 당신 자신의 지성이다. 올바른 길, 최고의 결과, 가장 위대한 행동, 최상의 행복으로 당신을 인도하는 내면의 빛이다. 당신 안에는 세상의 모든 능력과 천재성을 안겨주는 힘의 섭리가 깃들어 있다. 힘의 섭리에 자신을 맡기고 빛을 따라 걷는다면 틀림없이 최선의 자리에 가닿게 될 것이다. "내 영혼에 나를 맡긴다"라고 말할 때 "나를 맡긴다"는 의미가 무엇인지 생각해보자. 이 말에는 평범한 사람의 태도와 행동을 완전히 뒤바꿔 놓을 굉장한 뜻이 담겨 있다.

그런 다음 위대한 궁극적 존재와 하나가 되는 자신의 모습을 떠올리자. 궁극적 존재의 모든 지식과 지혜는 구하기만 하면 당신의 것이 된다. 신처럼 생각하면 곧 자신이 신이다. 신처럼 생각하면 신처럼 행동하게 된다. 신적인 생각은 신적인 삶으로 구현된다. 힘의 섭리를 생각하면 힘의 섭리가 깃든 삶을 살게 된다. 위대한 생각은 위대한 인격으로 이어진다. 그리고 잘 숙고해보자. 그러고 나면 행동할 준비가 될 것이다.

11장

나날이 위대해져라

지금 세상은 완벽하며 당신은 신들과 더불어 사는 신이라는 사실을 한순간도 잊지 말자. 당신은 가장 위대한 존재만큼 위대하고 그와 동시에 모든 사람은 동등하다.

진실을 인지하는 당신의 능력에 절대적으로 의지하자. 논리보다 내면의 빛을 신뢰하되 당신의 인지력이 내면의 빛에서 온 것인지 확실히 밝혀둬야 한다. 그리고 평정하고 차분하게 행동하자. 우주적 존재의 목소리를 가만히 듣자. 전지적 존재와 자신을 동일시하면 당신 및 주변 사람이 겪을 모든 상황을 잘 헤쳐나가는 데 필요한 모든 지식을 얻을 수 있을 것이다. 차분한 태도를 유지하고 당신 안의 영원한 지혜에 의지하면 된다. 안정되고 확신에 찬 태도를 견지한다면 당신의 판단은 항상 옳을 테고, 어떤 행동을 해야 할지 알게 될 것이다.

서두르거나 걱정하지 말자. 암울한 전쟁통을 견뎌낸 링컨을 기억하자. 제임스 프리먼 클라크James Freeman Clarke 목사는 북군이 대패했던 프레더릭스버그 전투 이후 나라의 앞날을 향한 확신과 희망을 견지한 사람은 링컨뿐이었다고 썼다. 전국 방방곡곡에서 올라온 지도자 수백여 명은 축 처진 채 링컨의 방으로 들어갔다가 밝고 희망찬 모습으로 나왔다. 그들은 여위고 볼품없으며 인내심 있는 사람에게서 자기도 모르는 사이 가장 높은 존재인 우주적 존재를 봤던 것이다.

어떤 상황이 찾아와도 헤쳐나갈 수 있는 당신 자신과 스스로의 역량을 완벽하게 신뢰하자. 홀로 있더라도 심란해하지 말자. 친구가 필요한 사람에게는 때가 되면 친구가 찾아올 것이다. 자신이 아는 게 없다고 해서 불편해하지 말자. 때가 되면 필요한 지식을 갖추게 될 것이다.

당신이 발전하도록 이끄는 내면의 존재는 당신에게 필요한 사람과 사물 안에도 존재하며 당신에게 필요한 사람과 사물이 다가오도록 유도한다. 당신이 알아야 할 사람이 있다면 소개받게 될 것이다. 당신이 읽어야 할 책이 있다면 당신의 손에 쥐어질 것이다. 당신에게 필요한 모든 지식이 내면과 외부의 근원으로부터 다가올 것이다.

당신의 지식과 재능은 반드시 그 시기가 요구하는 바와 맞아떨어질 것이다. 당신이 깨어나 위대한 방식으로 살기 시작한다면 힘의 섭리가 뇌의 발달에도 영향을 미치게 된다. 새로운 세포가 만들어지고 잠들어 있던 세포는 빨리 활동을 개시해 정신을 펼치기 위한 완벽한 도구로 거듭날 것이다.

위대한 방식으로 일할 준비가 되기 전까지는 큰일을 하려 들지 말자. 큰 문제를 작은 방식으로 수행하면, 즉 미숙한 관점에 머무르거나 나를 충분히 맡기지 않거나 확신 또는 용기가 사그라지면 실패할 것은 불을 보듯 뻔하다. 큰 과업을 해내려고 서두르지 말자. 큰일을 한다고 당신이 위대해지지는 않는다. 오히려 그 반대다. 당신이 위대해지면 큰일을 할 자리로 이끌리게 될 것이다.

지금 서 있는 곳에서부터 위대해지고 지금 하는 매일의 일을 위대하게 해내자. 자신이 위대한 사람이라는 사실을 알리려고 안달하지 말자. 이 책에 담긴 내용을 실천하고서 한 달이 되도록 주변 사람들이 당신에게 공직에 오르길 권하지 않는다고 해서 실망하지 말자. 위대한 사람은 남들의 인정이나 찬사를 추구하지 않는다. 위대해지는 목적은 돈을 벌기 위함이 아니다. 위대성 자체가 보상이다. 사람이 누릴 수 있는 가장 큰 기쁨은 자신이 더 나은 사람으로 거듭나고 자신이 발전나해가는 과정에서 찾아온다.

가족부터 시작해 이웃, 친구, 사업상의 지인을 만날 때에도 위대한 태도를 견지하면 곧 사람들이 당신에게 의지하기 시작할 것이다. 남들이 찾아와 조언을 구하고 점점 더 많은 사람이 당신을 힘의 섭리와 영감의 원천이라 여기고 당신의 판단에 의지할 것이다.

만약 그러한 시기가 찾아오더라도 가족에 대한 조언과 마찬가지로 쉽게 간섭하지 않도록 주의하자. 당신을 찾아오는 모두를 돕되 모두 제대로 살도록 만들어주겠다며 호의를 담아 애쓰지 말자. 다른 무엇보다 당신 자신의 일에 신경 쓰자. 사람들의 도덕, 습관, 행동을 수정하는 것은 당신이 가져야 할 삶의 목표가 아니다.

위대한 삶을 살고 모든 일을 위대한 자세와 위대한 방식으로 해내며, 당신에게 도움을 청하는 사람이 있다면 당신이 받았듯 아낌없이 주되 그 누구에게도 도움이나 조언을 강요하지 말자. 이웃이 술이나 담배를 즐긴다면 그건 그 사람의 소관이다. 그가 찾아와 조언을 청할 때까지는 당신이 끼어들 일이 아니다. 당신이 설교를 늘어놓지 않고 위대하게 사는 데 집중한다면, 소인배의 삶을 살며 쉴 새 없이 설교하는 사람보다 더 많은 영혼을 도울 수 있다.

세상을 바라보는 올바른 관점을 견지하면 사람들은 당신의 일상적인 말과 행동을 눈여겨보고 감명 받을 것이다. 더 높은 관점을 견지하고 그에 따라 살되 남들을 자신의 관점에 맞춰 고치려 들지 말자. 우주적 존재를 완벽히 따르고 있다면 아무 말을 하지 않아도 당신이 보통 사람보다 더 높은 섭리의 인도를 받고 있다는 사실이 곧 자명해질 것이다. 신과의 동일시가 완전해지면 굳이 남에게 설명하지 않아도 그 사실이 겉으로 드러나기 마련이다.

위대한 사람으로 알려지려면 제대로 살기만 하면 된다. 돈키호테처럼 자신이 특별한 사람이라는 것을 보여주기 위해 풍차를 향해 돌진할 필요는 없다. 큰일을 하려고 찾아 나서지 말자. 지금 있는 곳에서 위대한 삶을 살고 일상의 일을 하고 있으면 더 큰 과업이 당신을 찾아올 것이다.

사람의 가치를 깊이 새기고, 거지나 창녀라도 완벽하게 존중하자. 세상 사람 모두가 신이다. 세상 사람은 모두 이상적인 존재다. 신이 다른 신을 대하듯 행동하자. 가난한 사람에게만 배려를 베풀지 말자. 이 세상은 이상적이며 세상의 모든 사람과 사물은 올바르다. 사람과 사물을 대할 때 그 점을 명심하자.

나 자신의 이미지를 신중하게 그려보자. 자신이 되고 싶은 사람의 이미지를 그리고, 지금 자신이 실현 중이라는 확신을 갖고 그 이미지를 견지하자. 자신이 되고 싶은 사람의 이미지를 완벽하게 실현하겠다는 목적의식을 갖고 신처럼 모든 일상적인 행동을 하자. 신과 같은 입장에서 말을 하자. 신이 다른 신을 만나듯 높고 낮은 신분의 사람들을 맞이하자. 그렇게 시작하고 계속 실천해나가면 당신의 능력과 힘은 나날이 위대해질 것이다.

12장

세상과 함께
당신은 더 위대해진다

관점은 절대적으로 중요할뿐더러 문제가 생길 가능성이 가장 높은 부분이다. 사람들은 세상을 바라볼 때 암울한 면을 부각시켜 보는 습관이 있다. 암초가 가득한 해안에서 태풍에 휘말려 종국에는 파멸할 수밖에 없고 승조원 몇 명을 구하는 게 고작인 난파선 같은 곳으로 본다.

사람들은 이러한 관점을 가지고서 세상이 근본적으로 나쁘고 점점 더 나빠지는 중이며 기존의 불화와 부조화가 세상의 끝까지 지속되고 심해질 거라 믿는다. 나아가 사회, 정부, 인류애를 향한 희망을 잃어버리고 미래에 대한 전망이 어둡다고 여기며 위축된다.

모두 잘못된 생각이다. 세상은 부서진 난파선이 아니다. 세상은 엔진과 기계를 완벽하게 갖추고 창고에는 석탄이 가득하며 항해를 위한 식량을 충분히 실은 거대한 최첨단 증기선이다. 좋은 것은 하나도 부족하지 않다. 승조원의 안전, 편안함, 행복을 위해 전능한 존재가 만들어낼 수 있는 모든 물건이 갖춰져 있다.

다만 세상이라는 증기선은 바람을 받아 이쪽저쪽으로 방향을 바꾸며 망망대해로 나아가고 있다. 아직 키를 올바르게 잡는 법을 배운 사람이 없을 뿐이다. 인류는 배의 키를 잡는 법을 배우고 있고, 때가 되면 완벽한 조화라는 항구에 당당하게 도착할 것이다.

세상은 좋은 곳이며 더 나아지고 있다. 기존의 불화와 부조화는 아직 키를 제대로 잡지 못해 생긴 배의 흔들림일 뿐이다. 때가 되면 모두 사라질 것들이다. 이러한 관점을 갖게 되면 발전적 전망을 품고 마음이 넓어지며 사회와 사람을 긍정적으로 생각하고 위대한 방식으로 행동하게 된다. 그리고 세상에는 우리 자신의 일을 포함해 잘못될 일이 전혀 없다는 것을 알게 된다. 모든 것이 완성을 향해 나아간다면 잘못된 방향으로 가고 있는 것이 아니다.

우리의 개인사가 전체의 일부라면 그 또한 잘못 진행될 리 없다. 당신과 당신에 얽힌 모든 것은 완성을 향해 나아가고 있다. 진보의 흐름을 저해하고 내 앞을 막을 장애물은 잘못된 개인적 태도, 즉 신의 생각을 거스르는 태도를 취하는 것뿐이다. 나 자신의 태도만 올바르게 견지하면 잘못될 일도, 두려워할 일도 없다. 나라는 사람은 세상과 더불어 성장하고 진보하기 때문이다.

세상을 향한 당신의 관점과 생각에 따라 형체가 생겨난다는 것을 잊지 말자. 세상이 방황하고 망가진 곳이라 생각하면 나 자신도 그 일부로서 세상의 죄와 나약함을 보태는 존재로 여기게 된다.

세상 전체에 대한 전망이 절망적이라면, 나 자신을 보는 전망도 희망적일 수 없다. 세상이 종말을 향해 쇠락하는 중이라 여기면서 나 자신은 발전하고 있다고 믿기는 어렵다. 신의 작업을 긍정적으로 생각하지 않으면서 나 자신에 대해 긍정적으로 생각할 수 없다. 무엇보다 나 자신을 긍정적으로 생각하지 않으면 절대 위대해질 수 없다.

물질적 환경을 포함해 삶에서 나의 위치는 내가 견지하는 나의 이미지에 따라 결정된다. 나 자신의 이미지를 형성하면 그에 맞는 환경도 자연스레 형성된다. 나 자신을 긍정적으로 생각하지 않으면 빈곤에 찌든 환경에 둘러싸인 자신을 상상할 수밖에 없다.

스스로 능력도 쓸모도 없는 사람이라 생각한다면 가난하고 시시한 환경에 처하게 될 것이다. 이처럼 생각하는 습관이 생기면 나를 둘러싼 정신적 본질에 보이지 않는 형태로 각인돼 계속 나를 지배하게 된다. 때가 되면 영속적인 창조적 에너지가 활동함으로써 무형의 이미지가 물리적 형체를 띠게 된다. 그 결과 현실로 구현된 나 자신의 생각에 둘러싸이게 될 것이다.

대자연은 위대하고 살아 있으며 진보하는 존재라 생각하자. 인간사회에 대해서도 똑같이 생각하자. 모든 것은 하나이며 하나에서 비롯되고 모두 이상적이다. 당신은 신과 같은 본질로 만들어져 있다. 신의 모든 구성 요소는 당신의 일부이기도 하다. 신이 지닌 모든 힘은 사람의 일부다. 신과 마찬가지로 당신 또한 앞으로 나아갈 수 있다. 모든 힘의 원천은 당신 안에 존재한다.

13장

완전히 진실되어라

생각에 관해 좀 더 숙고해보자. 생각이 나를 위대하게 만들어주기 전까지 나는 절대 위대해질 수 없다. 가장 중요한 것은 생각해야 한다는 사실이다.

내면에서 위대한 생각을 하기 전까지는 외부적으로 위대한 일을 할 수 없다. 그리고 진리와 진실에 대해 생각하기 전까지는 위대한 일을 생각할 수 없다. 위대한 일을 생각하려면 완전히 진실돼야 한다. 진실되려면 나의 의도가 옳다는 확신이 있어야 한다. 아무리 뛰어나고 논리적이라도 진실되지 못하거나 거짓된 생각은 절대 위대할 수 없다.

가장 중요한 첫 단계는 인간관계에서 진실을 찾고 내가 남에게, 남들이 내게 어떤 존재여야 하는지 아는 것이다. 그 전에 앞서 사람을 바라보는 올바른 관점을 찾아내야 한다. 자연과 사회의 혁명적 사건에 관해 알아보면 도움이 될 것이다.

예를 들어 미국의 교육자인 월터 토머스 밀스Walter Thomas Mills 와 다윈의 저작을 읽을 때 '생각'하는 것을 잊지 말자. 사물과 사람으로 가득한 이 세상을 올바른 방식으로 보게 될 때까지 곰곰이 생각해보자. 신이 무엇을 하는지 볼 수 있을 때까지 신이 하는 일에 관해 생각하자.

다음 단계는 올바른 개인적 태도를 지닌 나 자신을 떠올리는 것이다. 앞서 세운 관점을 기준으로 생각하면 어떤 태도가 올바른지 알 수 있다. 그런 다음 영혼이 인도하는 대로 따르면 올바른 태도를 실천하게 될 것이다. 내면에 있는 가장 높은 존재에게 나를 내맡겨야만 진실된 생각을 할 수 있다. 목적의식이 이기적이거나 의도 또는 행동이 불성실하고 왜곡돼 있다는 사실을 스스로 알고 있다면 당신의 생각은 거짓된 생각이므로 아무런 힘을 발휘하지 못할 것이다. 당신이 행동하는 방식에 관해 생각하자. 자신의 의도, 목적의식, 행동이 모두 옳다는 확신이 들 때까지 생각해야 한다.

지속적으로 깊이 사유하지 않으면 그 누구도 신과 완전히 하나가 돼 있다는 사실을 이해할 수 없다. 누구나 피상적으로는 그러한 생각을 받아들일 수 있지만, 진정 느끼고 절대적으로 이해하는 것은 또 다른 문제다.

외부에서 신을 찾아 나서기는 쉽지만 내면에서 신을 찾으려는 생각을 하기는 어렵다. 신은 당신 안에 있다. 그리고 당신은 영혼의 가장 성스러운 곳에서 신과 대면할 수 있다. 자신에게 필요한 신이 이미 내면에 있다니 정말 굉장한 일이다. 자신이 원하는 일을 하거나 자신이 되고 싶은 사람이 되는 데 필요한 힘을 손에 넣을 방법을 굳이 고민할 필요가 없다.

이미 자신이 갖고 있는 힘을 올바르게 사용할 수 있는 방법을 찾고 행동을 시작하기만 하면 된다. 진리를 인지하는 능력을 활용하자. 오늘 진실의 일부를 볼 수 있고, 그에 합당하게 충실히 살아가면 내일 더 많은 진실을 보게 될 것이다.

그릇되고 케케묵은 생각에서 벗어나려면 인간의 가치, 즉 영혼의 위대성과 그 의미에 대해 깊이 생각해야 한다. 사람들이 저지른 잘못과 오류를 보는 것을 멈추고 성공 사례와 장점을 바라보자. 더 이상 사람들이 방황하고 망가져 지옥으로 향하는 존재로 보이지 않을 것이다.

사람은 빛나는 영혼이며 천국으로 올라가는 길을 걷고 있다는 관점을 지녀야 한다. 그러려면 의지력이 필요하다. 의지력을 발휘해 무엇을 어떻게 생각할지 결정하자. 의지력은 이렇게 사용해야 마땅하다.

의지는 생각의 흐름을 결정하는 역할을 한다. 사람의 긍정적 측면을 생각하자. 사랑스럽고 매력적인 부분만 떠올리고 의지를 발휘해 그 이외의 부분을 생각하지 않도록 하자.

미국 대통령 선거에 사회당 후보로 두 번 출마한 유진 뎁스 Eugene V. Debs는 사람의 긍정적인 면을 바라보는 문제에서 많은 성과를 이뤘다. 뎁스는 자신에게 도움을 요청하면 절대 헛일로 만드는 법이 없을 만큼 인류애를 존중했다. 뎁스에게 불친절하거나 비판적인 말을 들은 사람은 없을 것이다.

뎁스와 있으면 그가 개인적으로 상대방에게 깊고 친절한 관심을 가진다는 사실을 느끼게 된다. 그는 백만장자, 먼지투성이 노동자, 풍파를 겪은 노파를 막론하고 모든 사람에게 성실하게 대하고 진실된 동료의식이 어린 따뜻한 관심을 쏟았다. 누더기를 걸친 아이가 길에서 그에게 말을 걸면 반드시 부드러운 말로 대했다.

무엇보다 인간을 사랑한 뎁스는 위대한 운동을 이끄는 지도자, 백만 명의 사랑을 받는 영웅으로 거듭났다. 인간을 그토록 사랑하는 것은 위대한 일이다. 이러한 모든 일들이 생각을 통해서만 가능하다. 당신을 위대하게 만들 수 있는 것은 생각뿐이다.

"사상가는 두 부류로 나눌 수 있다. 스스로 생각하는 사람과 남을 통해 생각하는 사람이다. 후자가 일반적이고 전자가 예외다. 전자는 두 가지 의미에서 독창적인 사상가이며 가장 숭고한 의미에서 자기본위적이다."

— 아르투어 쇼펜하우어Arthur Schopenhauer

"사람을 아는 열쇠는 그의 생각이다. 억세고 도전적으로 보이는 사람일지라도 자신이 따르는 방향, 즉 생각이 있는 법이다. 그 사람은 그 생각을 기준으로 모든 사실관계를 이해한다. 그를 바꿀 유일한 방법은 기존의 생각을 넘어설 새로운 생각을 보여주는 것이다."

— 랠프 월도 에머슨

"진정 현명한 생각이라면 수천 명도 넘는 사람들이 익히 떠올린 적이 있을 것이다. 그러나 그 생각을 온전한 나의 것으로 만들려면 그 생각이 내 몸에 완전히 뿌리내릴 때까지 거짓 없이 되새겨보아야 한다."

— 요한 볼프강 폰 괴테Johann Wolfgang von Goethe

290

"사람이 겉으로 드러내 보이는 모든 것은 내면에 깃든 생각의 결과물이다. 효율적으로 일하려면 똑똑하게 생각해야 한다. 고귀한 행동을 하려면 고귀한 생각을 해야 한다."

— 윌리엄 엘러리 채닝William Ellery Channing

"영성이 다른 어떤 물리적 힘보다 강하며 생각이 세상을 지배한다는 것을 아는 이는 위대하다."

— 랠프 월도 에머슨

"어떤 사람은 평생 공부한다. 그리고 죽을 때가 되면 모든 것을 안다. 생각하는 법만 빼고."

— 프랑수아 도메르그Francois Domergue

"습관적 생각은 우리의 삶을 형성한다. 생각은 인간관계보다 더 큰 영향을 준다. 생각은 친한 친구보다 더 삶에 큰 영향을 미친다."

— 틸J. W. Teal

"신이 위대한 사상가를 탄생시키면 모든 것이 위험에 처한다. 모든 과학 지식이 전복되고, 이름난 작가나 소위 불멸의 명성

을 떨치는 이들도 하나같이 반기와 비난에 맞닥뜨리게 되기
때문이다."

－랠프 월도 에머슨

생각하고, 생각하고, 또 생각하자.

14장

위대함에 관하여

위인이란 남을 위해 봉사하는 사람이 아니라 남의 봉사를 받는 사람이라 생각하기 쉽다. 위인은 모름지기 남에게 명령하고 권력을 행사하며 남들이 자신의 의지를 따르도록 만드는 사람이라여긴다. 대부분의 사람은 남을 지배하는 행동을 위대한 것처럼 여긴다. 이기적인 사람에게 그보다 더 달콤한 일은 없다.

이기적이고 미숙한 사람은 반드시 권력을 휘두르고 남을 좌지우지하려 든다. 야만인은 지구상에 나타나자마자 서로를 노예로 삼고자 열을 올렸다. 수세기에 걸쳐 세상을 시끄럽게 만든 전쟁, 외교, 정치, 정부의 목표는 결국 타인을 지배하는 것이었다. 왕족은 더 많은 권력을 손에 넣고 더 많은 사람을 지배하기 위해 땅을 피와 눈물로 적셨다.

남을 지배하겠다는 방침에 관한 한 오늘날의 재계는 백여 년 전 유럽의 전쟁터와 별다를 바가 없다. 불가지론을 옹호했던 미국의 변호사 로버트 잉거솔Robert S. Ingersoll은 록펠러나 카네기 같은 사람이 평생 써도 다 쓰지 못할 만큼의 부를 일궜음에도 더 많은 재산을 모으려 들고 업계에서 분투하는 이유를 이해하지 못했다. 잉거솔은 이런 현상을 광기의 일종이라 생각하고 다음과 같은 글을 남겼다.

"바지 5만 벌, 조끼 7,500벌, 코트 10만 벌, 넥타이 15만 개가 있는 사람이 있다고 치자. 그런데 그가 넥타이 하나를 더 얻기 위해 눈이 오나 비가 오나 매일 동이 트기도 전에 일어나 밤중까지 일한다면 당신은 그를 어떻게 생각하겠는가?"

그러나 이는 적절한 비유가 아니다. 넥타이와 달리 돈을 더 갖고 있으면 남에게 더 많은 영향력을 행사할 수 있다. 록펠러나 카네기와 같은 사람은 돈이 아니라 권력을 좇는다. 더 높은 자리에 앉으려고 애쓴다. 능력 있는 사람, 약삭빠른 사람, 책략이 있는 사람의 발전에는 도움이 되는 목표일지 모르지만 결코 위대한 사람을 만들어낼 수는 없다.

두 종류의 위대성을 비교해보자. 일반적인 미국인에게 가장 위대한 미국인이 누구인지 물으면 대부분 링컨을 꼽을 것이다. 링컨은 다른 어떤 공직자보다 충실히 국민을 섬겼다. 그는 노예근성이 아니라 섬기는 정신을 지니고 있었다. 링컨은 국민을 충실히 섬기는 법을 알고 있었고 위대한 사람의 반열에 올랐다. 반면 나폴레옹은 능력이 있었지만 차갑고 이기적이며 권력욕에 불탔다. 나폴레옹은 위대한 사람은 아니었다. 링컨은 위대했지만, 나폴레옹은 그렇지 않았다.

당신이 점점 발전하고 위대한 방식으로 행동한다는 평을 듣는 순간 위험이 찾아올 것이다. 남에게 조언하고 간섭하고 오지랖을 피우고 싶은 참을 수 없는 유혹이 고개를 들 것이다. 때로는 그와 반대로 노예근성에 빠져 남을 섬기겠다며 자신을 완전히 내던지는 경우도 있다.

종교적 지침을 오해한 탓에 자기희생이 곧 선이라 믿어온 사람들이 상당히 많다. 그들은 선을 지향한다는 명목 아래, 순수한 이기심만큼이나 위대성과는 거리가 먼 광적인 이타주의를 실천해온 것이다. 그러나 사람은 곤경에 빠진 이의 비명에 반응하는 본능만을 갖고 있지 않다. 광적인 이타주의가 다른 무언가에 비해 특별히 더 고귀한 것도 아니다.

모든 위대한 사람이 삶과 활동의 많은 부분을 남을 돕는 데 쓰는 것은 사실이지만 불행한 사람을 돕는 것 이외에도 당신이 해야 할 일들이 있다. 당신이 발전하면 어려운 사람들이 당신을 찾아올 것이다. 그때 그들을 돌려세우지 말아야겠지만, 동시에 자신을 완전히 버리는 삶을 살아야 위대한 사람이 된다고 믿는 치명적 오류를 범하지 않도록 주의하자.

15장

우주적 존재의
뜻을 따라라

앞서 의무라는 문제에 대처하는 관점을 소개했다. 의무는 성실하고 진실된 많은 사람을 당혹스럽게 만드는 까다로운 문제다. 의미 있는 사람이 되기로 마음먹고 위대한 사람이 되는 법칙을 실천하다 보면 누구나 인간관계를 재정리해야 한다는 필요성을 느끼게 된다. 자신의 주변에는 거리를 둬야 할 친구가 있고, 오해가 쌓여 사이가 멀어진 친척도 있다.

진정으로 위대한 사람은 주변 사람들로부터 많은 것을 기대하게 만들고 종종 이기적이라는 평도 듣곤 한다. 위대한 사람이 되기 위한 출발점에 섰다면 이렇게 자문해보자. 어떤 상황에도 불구하고 나 자신의 모습을 최선으로 거듭나게 하는 것이 나의 의무인가? 아니면 아무런 마찰도 일으키지 않고 섭섭해하는 사람도 없을 때까지 기다려야 하는 것일까? 이는 나에 대한 의무 대 타인에 대한 의무의 문제다.

세상을 향한 의무는 앞에서 충분히 이야기했으니 이제 우주적 존재에 대한 의무에 관해 숙고해보자. 많은 사람이 우주적 존재를 위해 무엇을 해야 하는지 잘 모르고 있다. 우주적 존재는 사람을 통해 구현되고자 한다. 시대의 흐름에 따라 인간이 더 발전할 수 있었던 것은 우주적 존재가 자신을 표현하고자 했기 때문이다. 인류의 모든 세대는 지난 세대보다 한층 더 신의 모습에 가까워지고 있다. 모든 세대는 이전 세대보다 더 나은 집, 편안한 환경, 적성에 맞는 일, 휴식, 여행, 공부할 기회를 추구한다.

근시안적인 경제학자들은 오늘날의 사람들이 분명 현재에 완전히 만족할 것이라고 말한다. 그들은 창문도 없는 오두막 바닥에서 밀짚을 덮고 돼지와 더불어 자던 200년 전의 일꾼에 비하면 오늘날의 근로자 계층이 훨씬 나은 상황에 있다는 것을 강조한다. 하지만 그들의 주장은 틀렸다.

시대를 막론하고 자신이 살 수 있는 가장 풍요로운 삶을 사는 데 필요한 모든 물건들을 갖추고 있는 사람이라면 현재에 완전히 만족했을 것이다. 반대로 부족한 물건들이 있었다면 만족하지 못했을 것이다. 물론 요즘 사람들은 시간을 조금만 되돌리면 존재하지 않았을 편안한 집과 많은 물건을 소유하고 있다. 분명 과거와 비교하면 현재의 세상을 사는 사람들이 더 많은 것을 누리며 살고 있다.

자신이 살고 있는 세상에서 상상할 수 있는 최선의 삶에 필요한 모든 물건을 가지고 있다면 과거의 사람이든 현재의 사람이든 누구나 만족할 것이다. 그러나 현재의 우리는 만족하지 않는다. 우주적 존재는 마침내 평범한 사람도 현재의 상황보다 더 나은 삶을 그려볼 수 있는 수준까지 인류를 고양시킨 것이다.

당연한 말이지만 누군가 더 나은 삶을 생각하고 뚜렷이 그려볼 수 있다면 그 사람은 현재의 모습에 만족하지 못할 것이다. 그처럼 불만족스러운 감정은 더 나은 삶을 찾아 나아가도록 유도하는 우주적 존재에게서 나온다. 우주적 존재는 인류를 통해 자신을 구현하며 우리 안에서 움직이며 의지를 표명하고 행동한다.

우주적 존재의 뜻을 따르는 유일한 방법은 존재가 세상에 베풀고자 하는 은혜를 나 자신을 통해 구현하는 것이다. 우주적 존재를 섬기는 최선의 방법은 자신이 될 수 있는 최선의 사람이 되어 자신 안의 우주적 존재가 가능성을 최대한 구현하도록 유도하는 것이다. 『부자의 자기확신』에서 소개한 피아노 앞에 앉은 소년의 비유를 떠올려보라. 소년은 피아노를 쳐보지 않았기에 마음속에 흐르는 음악을 연주할 수 없었다. 우리 위, 옆, 주변, 안에 있는 우주적 존재와 우리의 관계를 잘 보여주는 비유다. 우주적 존재는 우리의 손과 발, 정신, 두뇌, 몸이 훈련되면 우리를 통해 위대한 일을 하고자 준비를 하고 있다.

우주적 존재, 당신 자신, 세상 전체를 향한 당신의 근본적 의무는 가능한 한 위대한 사람으로 발전하는 것이다. 이쯤이면 당신도 나에 대한 의무와 남에 대한 의무 중 어느 것이 우선하느냐는 문제에 대한 해답을 얻었을 것이다. 그 밖에도 몇 가지 더 정리하고 마무리를 하고자 한다.

『부자의 자기확신』에서 누구나 부자가 될 힘을 내면에 품고 있다고 했듯이, 사람은 누구나 위대한 사람이 될 힘을 지니고 있다. 그러나 이러한 일반론적 관점에도 나름의 검증이 필요하다. 물질적 사고에 지나치게 점철돼 이 책에 담긴 철학을 전혀 이해하지 못하는 사람도 분명 있기 때문이다.

이 책의 내용을 아예 이해하지 못할 만큼 제멋대로 살아온 사람들도 많다. 메시지를 이해할 수 없는 그들에게는 위대한 삶을 사는 모습을 눈앞에서 직접 보여줘야 한다. 그것이야말로 그들이 깨달음을 얻도록 도울 유일한 방법이다. 이 세상에는 지침보다

시연이 필요한 사람들이 있다. 이들을 위한 우리의 의무는 가능한 가장 위대한 사람이 돼 그들 또한 위대해지고 싶다고 마음먹도록 유도하는 것이다. 그들을 위해, 다음 세대가 더 나은 생각을 할 수 있는 세상을 만들기 위해 당신은 스스로 위대해져야 한다.

추가로 하나 더 언급하자면 세상에 나가고 싶은데 자신에게 의존하고 있는 다른 가족을 저버리지 못해 집에 매여 있는 사람들이 자주 편지를 보내온다. 그러면 나는 대부분 두려워 말고 분가한 다음 최선의 모습으로 살라고 조언한다. 잠시 집에 빈자리가 생기겠지만 일시적 문제일 뿐이다. 우주적 존재를 따르면 곧 가족들을 이전보다 더 잘 돌볼 수 있게 될 것이다.

16장

정신을 훈련하라

정신 훈련의 목적을 오해하지 말아야 한다. 기도나 주문은 아무런 효과가 없다. 또 단순히 기도 구절을 반복하는 것은 발전의 지름길이 아니다. 정신 훈련은 말이 아니라 생각을 반복하는 것이다. 괴테가 말했듯이 어떤 구절을 반복적으로 들으면 확신으로 굳어진다. 반복적으로 떠올리는 생각은 습관이 돼 우리의 일부로 바뀐다.

정신 훈련의 목적은 특정한 생각을 습관이 될 만큼 반복적으로 해서 자신의 생각으로 굳어지게 만드는 것이다. 제대로 된 방식으로 목적을 이해하고 실천하면 정신 훈련은 엄청난 효과가 있다. 하지만 대부분의 사람처럼 훈련한다면 안 하느니만 못하다.

당신이 하고 싶은 생각을 떠올리며 아래 지침대로 훈련해보자. 하루에 한두 번 훈련하되 정해진 생각을 계속 이어가야 한다. 즉 하루에 두 번 정해진 시간에 생각하고 다음 훈련 시간이 될 때까지 잊어버리면 안 된다. 이 훈련의 목표는 지속적으로 생각을 유지하기 위한 바탕을 닦는 것이다.

먼저 20~30분가량 방해받지 않을 시간을 확보해둔다. 몸가짐을 편안하게 하고 안락의자나 소파, 침대에 편하게 눕는다. 위를 향해 똑바로 눕는 것이 가장 좋다. 따로 시간을 낼 수 없다면 밤에 자기 전, 아침에 잠에서 깬 뒤 누운 채로 훈련하면 된다.

먼저 정수리부터 발끝까지 차례로 주의를 기울여 내려가면서 모든 근육을 이완시킨다. 몸의 긴장을 완전히 풀어야 한다. 그런 다음 몸의 아픔이나 다른 불편한 부분에 대한 생각을 머릿속에서 모두 떨쳐낸다. 생각이 척추를 따라 내려와 손끝과 발끝의 신경으로 퍼져가도록 정신을 집중하는 동시에 다음과 같이 생각한다.

"내 신경은 몸 전체에 걸쳐 완벽한 질서를 이루고 있다. 신경은 내 의지를 따르며, 나는 위대한 힘을 지니고 있다."

그런 다음 폐로 초점을 옮기고 생각한다.

"깊이, 조용히 숨 쉬고 있다. 완벽한 상태를 유지하고 있는 폐의 모든 세포로 공기가 들어간다. 피가 정화되고 깨끗해진다."

다음에는 심장으로 초점을 옮긴다.

"심장이 튼튼하고 규칙적으로 뛰고 있다. 순환은 손끝과 발끝까지 완벽하게 이뤄지고 있다."

그다음에는 소화기관으로 향한다.

"위와 장이 완벽하게 할 일을 다하고 있다. 내가 먹은 것은 소화되고 흡수되며 몸은 재건되고 영양을 공급받았다. 간, 신장, 방광은 모두 통증이나 불편한 곳 없이 제 역할을 다하고 있다. 나는 완벽하게 건강하다. 지금 내 몸은 휴식을 취하고 있으며 내 정신은 고요하고 영혼은 평화롭다."

이제 내 몸이 아닌 나와 우주적 존재에 대해 생각한다.

"돈이나 다른 문제로 인한 걱정은 없다. 내 안의 우주적 존재는 내가 원하는 것 안에도 존재하며 그것들이 내게 흘러오도록 유도한다. 내가 원하는 모든 것은 이미 내게 주어져 있다. 건강에 대한 걱정도 없다. 내 건강은 완벽한 상태다. 어떤 걱정도, 두려움도 없다."

"나는 악의 모든 유혹을 초월한다. 모든 욕심, 이기심, 편협한 사적 야망을 떨쳐낸다. 어떤 살아 있는 영혼을 향해서도 질투, 악

의, 증오를 품지 않는다. 나의 가장 높은 이상과 조화를 이루지 못
하는 행동은 하지 않는다. 나는 옳으며 올바른 행동을 한다."

다음으로는 이 책에서 배운 개념들에 대해 생각한다.

관점

"세상의 모든 것은 이상적이다. 그리고 완성을 향해 나아가
는 중이다. 나는 이렇게 더 높은 관점에서만 사회적·정치적·경제
적 삶의 사실들을 숙고할 것이다. 세상의 모든 사람은 이상적이
다. 모든 인간, 지인, 친구, 이웃, 한 지붕 아래 사는 가족 모두를
그런 관점에서 볼 것이다. 우주에 잘못된 것은 없다. 잘못된 개인
적 태도를 취하는 것 외에 잘못될 일은 없다. 그러므로 올바른 태
도를 견지할 것이다. 나는 모든 믿음을 신에게 둔다."

맡김

"나의 영혼을 따르고 내면의 가장 높은 존재 앞에 진실되게
살 것이다. 모든 것 안에서 순수한 올바름의 관념을 찾을 것이다.
만약 그러한 관념을 찾으면 외적으로 표현할 것이다. 성장하면서
더 이상 나와 맞지 않게 된 묵은 생각과 관습은 버리고 상상할 수
있는 최선의 모습으로 발전할 것이다. 모든 관계에 있어 가장 고
양된 생각을 하고, 태도와 행동으로 그 생각을 드러낼 것이다. 나

는 정신이 몸을 제어하도록 내맡긴다. 정신을 영혼에 내맡긴다. 영혼을 신의 인도에 맡긴다."

동일시

"유일한 본질이자 원천이 존재하며, 나는 거기서부터 비롯됐고 그와 하나다. 그 존재는 바로 우주적 본질이다. 신과 나는 하나이며 신은 나보다 크고 나는 신의 의지를 실천한다. 순수한 영혼과의 의식적 통합을 위해 나를 내맡긴다. 신은 하나뿐이며 모든 곳에 존재한다. 나는 영속적 의식과 통합돼 있다."

이상화

내가 되고 싶은 사람의 이미지, 상상할 수 있는 가장 고양된 이미지를 그려본다. 생각을 견지하면서 잠시 숙고한다.

"이것이야말로 진정한 나의 모습이다. 이는 완벽하고 완성을 향해 나아가는 나 자신의 이미지다. 세상의 만물은 이상적이며 완성을 향해 나아가는 중이다. 나는 사회적, 정치적, 경제적 삶의 면면을 이렇게 높은 관점에서만 바라볼 것이다. 세상의 모든 사람은 이상적이다. 모든 인간, 지인, 친구, 이웃, 한 지붕 아래 사는 가족 모두를 그런 관점에서 볼 것이다. 그들은 모두 이상적이며 우주에 잘못된 것은 없다. 잘못된 개인적 태도를 취하는 것 외에 잘못될 일은 없다. 그러므로 올바른 태도를 지닐 것이다. 나는 모든 믿음을 신에게 둔다."

구현

"내가 원하는 사람이 되고 내가 하고픈 일을 하기 위해 나를 힘의 섭리에 맡긴다. 창조적 에너지를 발휘한다. 존재하는 모든 힘은 나의 것이다. 지금 여기서 떨치고 일어나 완벽한 자신감을 품고 그 힘과 함께 나아갈 것이다. 신의 힘 안에서 위대한 일을 할 것이다. 신이 나와 함께 있으므로 두려움 대신 확신만 있을 것이다."

17장

정리: 위대한 사람의 자기확신

모든 사람은 하나의 전지적 본질에서 비롯된다. 그렇기에 누구나 똑같은 근본적 힘과 가능성을 품고 있다. 위대성은 우리 모두가 똑같이 물려받은 것이며 누구나 구현할 수 있다. 모든 사람은 위대해질 수 있다. 또한 신을 구성하는 모든 요소는 사람을 구성하는 요소다.

사람은 영혼에 깃든 고유한 창조력을 발휘해 유전과 환경을 극복할 수 있다. 위대해지려면 영혼이 행동을 개시해 정신과 몸을 지배해야 한다.

사람의 지식은 한정적이다. 사람은 지식이 충분하지 않기에 오류를 범한다. 오류를 피하려면 자신의 영혼을 보편적 영혼과 연결해야 한다. 보편적 영혼은 모든 것이 비롯되는 전지적 본질로서 만물에 내재돼 있다. 보편적 정신은 전지적이며, 사람은 보편적 정신과 하나가 됨으로써 지식을 전해 받을 수 있다. 지식을 얻으려면 자신을 우주적 존재와 분리시키려는 모든 것을 떨쳐내야 한다. 성스러운 삶을 살겠다는 의지를 지니고 모든 도덕적 유혹을 초월하며 자신의 가장 높은 이상과 맞지 않는 모든 행동은 멈춰야 한다.

올바른 관점을 지니자. 신은 곧 세상이며, 모든 사람과 사물 안에 존재하고 잘못된 것은 아무것도 없다는 관점이야말로 올바른 관점이다. 자연, 사회, 정부, 산업이 현재 단계에서 이상적이고 완성을 향해 나아가는 중이며 세상 모든 남녀 또한 이상적이라는 사실을 깨달아야 한다.

신의 작업을 완성하려면 세상 만물이 이상적이라는 사실을 이해하고 신과 하나가 돼야 한다. 신은 만물에 내재된 선이며 위대하고 앞으로 나아가는 존재라는 것을 깨달아야만 진정 위대한 사람으로 발전할 수 있다.

내면의 높은 존재에 자신을 맡기고 영혼의 목소리를 따라야 한다. 사람은 누구나 높은 존재를 향해 자신을 지속적으로 인도해 주는 내면의 빛을 품고 있다. 위대해지려면 그 빛을 따라야 한다.

나를 비롯한 모든 사람이 신과 하나라는 사실을 의식적으로 되새겨야 한다. 나는 신들 사이의 신이라는 사실을 깨닫고 그에 걸맞게 행동해야 마땅하다. 진실을 인지하는 자신의 능력에 절대적인 확신을 갖고 그에 따라 행동하도록 한다. 사소한 일일지라도 진실되고 올바른 길을 발견하면 그 길을 따라야 한다. 생각 없이 행동하는 짓을 멈추고 생각하기 시작해야 한다. 그리고 생각할 때에는 진심을 다해야 한다.

가장 숭고한 자신의 이미지를 머릿속에서 그려보고 그 이미지를 습관적으로 생각해 형체가 될 때까지 견지하도록 한다. 지속적으로 그 형체를 머릿속에 떠올려야 한다. 행동을 통해 생각을 외부로 표현한다. 무엇이든 지금 하는 일을 위대한 방식으로 해내고 가족, 이웃, 지인, 친구를 대할 때의 모든 행동 또한 이상적 이미지에 맞도록 수행한다. 올바른 관점을 갖고 자신을 완벽하게 맡기고 스스로 위대한 사람이라 생각하며 크고 작은 모든 행동을 이상적 이미지에 따라 해내는 사람은 이미 위대한 사람이다.

위대한 사람이 되면 당신이 하는 일 또한 모두 위대하게 완수된다. 위대한 힘을 지닌 사람으로 이름이 알려지고 영감을 통해 지식을 전달받으며 자신이 알아야 하는 모든 것을 알게 된다. 또한 머릿속에서 떠올린 모든 물질적 부를 손에 넣고 전혀 부족함을 느끼지 않게 된다. 어떤 상황에서든 대처할 능력을 갖추는 것은 물론, 빠르고 지속적으로 발전해나가게 된다. 위대한 일을 하고 모든 사람의 존경을 받는다.

지금까지 이야기한 위대한 사람의 자기확신을 실천하면 누구나 위대한 사람으로 성장할 수 있다.

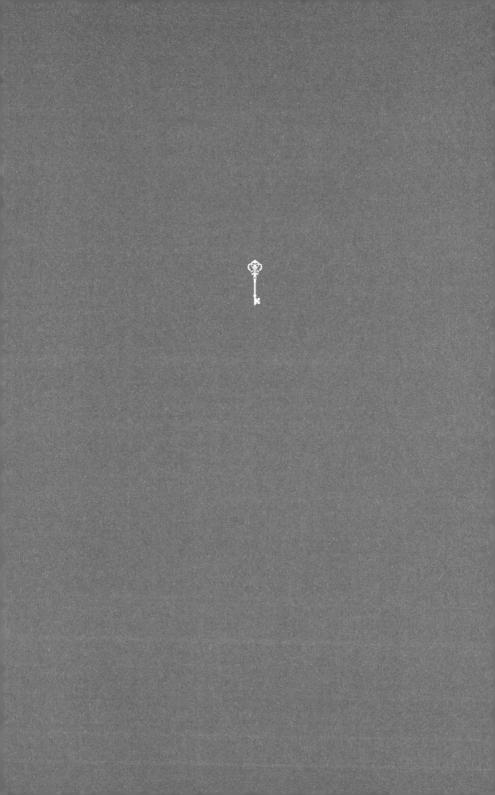